GEORGES FOUCART

LE COMMERCE

ET LA COLONISATION

A MADAGASCAR

LE COMMERCE

ET LA COLONISATION

A MADAGASCAR

PAR

Georges FOUCART

Ingénieur des Arts et Manufactures

CHARGÉ DE MISSION PAR LE MINISTÈRE DU COMMERCE
ET PAR LE MINISTÈRE DE L'INSTRUCTION PUBLIQUE

PARIS
Augustin CHALLAMEL, Éditeur
Librairie Coloniale
5, RUE JACOB ET RUE FURSTENBERG, 2

1894

LE COMMERCE

ET LA COLONISATION

A MADAGASCAR

DU MÊME AUTEUR :

De Tama'ave à Tananarive, broch., in-8°,
1 fr. 25.

Georges Foucart

Ingénieur des Arts et Manufactures.
Chargé de mission par le Ministère du Commerce
et par le Ministère de l'Instruction publique.

Le Commerce

et

La Colonisation

à

MADAGASCAR

PARIS
Augustin CHALLAMEL, Éditeur
LIBRAIRIE COLONIALE
5, rue Jacob, et rue Furstenberg, 2

1894

PRÉFACE

L'auteur de l'ouvrage que l'on va lire est un de ces hommes chez lesquels on trouve sous une modestie qui n'est plus guère de mode, un grand fonds de connaissances théoriques et pratiques et qui fournissent ainsi un argument aux psychologues qui prétendent que chez l'homme les prétentions sont en raison inverse du savoir.

Aussi, se défiant de lui-même, m'a-t-il demandé de lire son œuvre et de la présenter au public. L'amitié que je lui porte et l'estime que j'ai pour ses talents, m'ont décidé à accepter l'honneur qu'il me faisait.

Désigné par M. le Ministre de l'Instruction publique pour seconder M. le Dr Catat dans une mission scientifique à Madagascar, M. Foucart avait été chargé en même temps, par M. le Ministre du Commerce et de l'Industrie, d'une mission commerciale. Ainsi que son caractère et son énergie permettaient de l'espérer, il a accompli de la meilleure façon, — bien que la maladie, victorieuse de sa volonté, l'eût contraint de rentrer prématurément en France, — la double tâche qu'il avait assumée.

Son séjour dans les principales villes de l'île et les itinéraires qu'il a parcourus lui ont donné le moyen d'étudier les matières premières que peut fournir à notre industrie le pays, les débouchés qu'y doit trouver notre commerce et les ressources qu'il offre à la colonisation. Ses observations ont été consignées dans un rapport adressé à M. le Ministre du Commerce et dont le chapitre VII, relatif aux produits d'importation, — c'est également le chapitre VII de cet ouvrage — a été publié par le *Moniteur Officiel du Commerce* du 5 janvier dernier.

Avec un désintéressement et un dévouement à la chose publique auxquels il convient de rendre hommage en passant, M. Foucart s'est efforcé depuis son retour, de répandre dans un public restreint qu'il a ainsi fait profiter des résultats de sa mission, les idées rapportées de son voyage. Le Congrès national des Sociétés françaises de géographie, tenu à Lille en août 1892, diverses conférences faites à Paris et dans les départements, une active collaboration aux travaux de la Société de Géographie commerciale de Paris, à la première Section de laquelle il a l'honneur d'appartenir comme secrétaire, lui en ont fourni l'occasion. Ses idées, chaque jour plus nettes, plus solidement appuyées, il les soumet aujourd'hui au grand public. Avec les observations et les études qui ont été leur point de départ, elles forment un ensemble, que liront avec profit les personnes qui se préoccupent de la colonisation en général et de celle de Madagascar en particulier, et tous les Français que des intérêts agricoles, industriels et commerciaux ont conduit et conduiront encore en grand nombre, je l'espère, dans la France orientale.

A ces derniers, je signale particulièrement tout d'abord, tant mon expérience des hommes m'en démontre la vérité et l'utilité, un passage de ce volume qu'ils méditeront, je le souhaite, et communiqueront à l'occasion aux intéressés :

« Depuis mon retour en France, j'ai eu l'occasion de m'entretenir avec plusieurs personnes qui projetaient d'aller s'établir à Madagascar. Elles étaient toutes animées d'une grande bonne volonté, de beaucoup de courage et quelques unes possédaient des capitaux ; mais à part quelques exceptions, elles ignoraient absolument les conditions du milieu dans lequel elles allaient se trouver ; elles étaient prêtes à faire toute espèce de besogne, en s'inspirant des circonstances. Leur échec était ainsi presque inévitable, car si, en colonisation, les idées arrêtées ont leurs inconvénients, l'absence d'idées et de plan en produit d'autres non moins grands. »

On supposera à la lecture de ces lignes, et l'on pourra du reste constater presque à chaque page, que le souci d'éviter à ses compatriotes l'échec dont il est question ici, le désir d'outiller, théoriquement et pratiquement, ceux d'entre eux qui seraient résolus à s'établir à Madagascar, ont été la noble, la patriotique préoccupation de M. Foucart. Son livre, que termine un chapitre fort remarquable, où il est traité des conditions auxquelles peut se faire et des obstacles que rencontre la colonisation de Madagascar, eût mérité le titre de : *Géographie économique de Madagascar. Manuel pratique du colon et du commerçant.*

Il commence, après des réserves fort justes de l'auteur contre la généralisation de ses idées par un chapitre fort clair sur la constitution physique du sol ; puis vient un exposé suffisamment étendu du climat de l'île, une description de ses habitants et quelques renseignements sur leur langage.

Des chapitres spéciaux nous font connaître les poids, mesures et monnaies en usage, les moyens de transport pour les hommes et les marchandises, tant sur les côtes qu'à l'intérieur, le service des postes, des télégraphes, les douanes et les tarifs; d'autres traitent du commerce intérieur et extérieur, des marchés, de la culture du sol et des résultats qu'elle peut donner, confiée aux indigènes.

Lorsqu'ont été ainsi établies, comme il est indispensable, selon lui, pour tout émigrant, « les conditions de milieu » dans lesquelles les colons se trouvent à Madagascar, M. Foucart croit pouvoir tirer la conclusion que la Grande île ne saurait être ce qu'on a coutume d'appeler une colonie de peuplement, qu'elle n'est pas une terre où les travailleurs du sol et les ouvriers, (ceux qui exercent quelques métiers spéciaux exceptés), peuvent s'établir et gagner leur vie mieux que dans la mère patrie.

Pour réussir, il faut, selon lui, intelligence et capital. Et encore, que d'obstacles! Ni les populations, ni le gouvernement local n'aidant à la création d'entreprises agricoles, de manufactures ou de maisons de commerce, les grandes Sociétés, disposant de beaucoup d'argent et pouvant attendre les résultats, ont seules, en général, des chances de réussite. Il en est ainsi, il est vrai, un peu partout. Nous devons toutefois ajouter que les exploitations agricoles, à Madagascar, comme notre consul, M. d'Anthoüard, l'a établi dans un rapport commercial et comme M. Foucart le constate n'exigent que des capitaux restreints ; que la mise en valeur des terres de la côte coûte moins que celle de la région moyenne ; enfin certaines cultures et certaines industries peuvent donner à des individus bien préparés, des résultats appréciables. Nos compatriotes de la Réunion savent bien tout cela et les anciens Français de Maurice aussi.

Des colons en assez petit nombre, mais capables et disposant de capitaux, voilà donc ce que réclame M. Foucart pour Madagascar. Et il ajoute : « Quant aux indigènes, il faut qu'ils deviennent les auxiliaires des colons et les acheteurs de nos produits. A notre gouvernement, à nous de recourir aux meilleurs moyens d'arriver à ce résultat et de vaincre les obstacles qui nous arrêtent. »

Il y en a bon nombre de ces obstacles, chez les Hova et dans les provinces laissées sous leur dépendance ! Deux notamment sont de premier ordre : la constitution de la propriété immobilière et l'organisation de la main-d'œuvre. M. Foucart entre à leur sujet dans des détails du plus grand intérêt et arrive à ces conclusions : ...tant que les Français ne pourront obtenir la terre que par bail, même à long terme, (il arrive souvent, par comble, que les Hova contestent à l'occupant indigène la propriété du sol qu'il cultive et qu'il veut louer); — tant que la corvée frappera tous les sujets de la reine et que les abus qu'elle entraine se perpétueront, arrêtant tout progrès intellectuel et matériel, empêchant les colons de se procurer la main-d'œuvre, encourageant le brigandage; — tant que subsisteront les dernières traces de l'esclavage et que le service militaire retiendra, sans solde, ni nourriture, ni vêtements, pendant cinq ans, le Hova pauvre et le riche; — tant que le gouvernement hova, par crainte de faciliter le passage de nos troupes, s'opposera à l'établissement de chemins à Madagascar; — tant enfin que les concessions de terres ne seront pas approuvées par la France, il y aura peu de chances de voir nos colons affluer dans l'île, développer les richesses de son sol et la faire compter parmi les pays civilisés.

C'est dans le dernier chapitre du livre, celui qui présente le plus de sujets sur lesquels les avis peuvent différer, celui que l'auteur a particulièrement travaillé, que sont exposées avec talent, examinées avec soin et jugées avec saine raison toutes les questions que je viens d'énumérer. — Si tenté que j'aie été de donner sur l'une ou l'autre mon opinion, de discuter certaine donnée, de soulever quelqu'objection, j'ai cru devoir y renoncer. Il m'a semblé que tout cela ne serait point à sa place en tête d'un livre de bonne foi, appuyé sur des observations personnelles, très pratique et dont l'objet est surtout de répandre, de vulgariser des connaissances utiles en bonne partie nouvelles. Une préface, a-t-on dit, doit être au livre ce que la soupe est au dîner et annoncer ce que sera celui-ci. N'aurais-je pas, en intercalant ici mes réflexions, risqué d'ôter l'appétit au lecteur et failli à mon devoir, qui est d'engager à lire ce livre ?

Du reste critiques et objections manqueraient peut-être d'à propos. Sait-on quand, — selon le souhait patriotique et le vif désir de M. Foucart — « les obstacles à la colonisation française et à l'exercice de notre influence civilisatrice, disparaîtront devant l'intervention énergique du gouvernement et l'intelligente activité des colons, des industriels, des commerçants et des capitalistes, » devant le concours nécessaire, en un mot, de l'Etat et de l'initiative privée? Ce jour-là, qui semble proche, les paroles ne seront plus de saison. A cette date, —quelle satisfaction pour M. de Mahy ! — s'ouvrira à Madagascar une période de prospérité aussi avantageuse pour les populations protégées que pour la nation protectrice.

Le gouvernement ne l'ignore pas ; la situation actuelle dans l'Océan Indien et les dangers qu'elle peut présenter lui sont connus. Il saura sans doute, l'heure venue, faire son devoir et revendiquer nos droits, aussi fermement qu'il a commencé à le faire en Indo-Chine.

Il ne s'agit de rien moins, après tout, que du protectorat sur la troisième île du monde, île plus grande que la France et que, dès 1665, des actes publics dénommaient *Ile Dauphine* et *France orientale* !

Ch. Gauthiot.
Membre du Conseil Supérieur des Colonies.

30 novembre 1895.

LE COMMERCE
ET LA COLONISATION
A MADAGASCAR

CHAPITRE I

SOL. — CLIMAT. — POPULATION. — LANGAGE.

Avant d'aborder l'étude du commerce et de l'industrie de Madagascar, il est bon de résumer les caractères du sol, du climat et de la population de ce pays. Dans ce rapide exposé, comme dans le reste de ce travail, je m'occuperai surtout des régions que j'ai visitées et dans lesquelles j'ai séjourné, c'est-à-dire d'une portion de la côte orientale et de la province centrale. Même entre ces limites — étroites par rapport à la totalité de l'île — la nature du terrain, ses productions et les habitants qui y sont établis varient beaucoup suivant les lieux ; ils doivent, à plus forte raison, différer dans des points plus éloignés ; aussi s'exposerait-on quelquefois à des erreurs en donnant à mes observations un degré de généralité qu'elles ne comportent pas.

SOL

Par suite de l'orientation des principales chaines de montagnes, toutes dirigées du Nord au Sud, dans le sens de la plus grande dimension de l'ile, et formant de gigantesques gradins qui s'étagent depuis la mer jusqu'au sommet du massif central, Madagascar se divise naturellement en une série de bandes parallèles à la côte, conservant sensiblement les mêmes caractères géologiques et la même élévation dans toute leur étendue. Le climat varie peu dans chacune d'elles, parce que les différences thermiques dues à la latitude sont trop faibles pour que l'influence de l'altitude ne soit pas prépondérante. L'analogie de la composition et de la structure du sol, ainsi que des conditions atmosphériques, produit celle de la végétation. Ces bandes présentent donc dans toute leur longueur le même aspect et offrent les mêmes ressources. En les coupant perpendiculairement, à partir d'un point quelconque de la côte, en allant, par exemple, d'Andovaranto, port de l'Océan Indien, à Tananarive, la capitale, on aura une idée de tout le versant oriental.

La première bande s'étend en ligne presque droite sur une grande longueur et n'a en certains endroits que quelques centaines de mètres de largeur. A peine plus élevée que le niveau de la mer, elle est formée de cordons littoraux dûs à des détritus charriés par les cours d'eau ; en arrivant dans la mer, ces apports ont rencontré une branche du courant de l'Océan Indien, qui longe la côte en se dirigeant vers le Sud, et se sont déposés suivant une ligne réunissant les anciens caps. Cette étroite bande de sable est couverte d'herbes et, en certains points, de petits bois où abonde le filao (*Casuarina equisetifolia*).

Viennent ensuite des lagunes et de véritables lacs. La plupart des cours d'eau du versant y aboutissent ; ils ne se jettent donc plus directement dans la mer et ne s'y écoulent que par un certain nombre d'ouvertures coupant le cordon littoral. Les lagunes ayant leur fond plus bas que la surface de la mer, l'eau en est saumâtre ; et comme cette eau est presque stagnante, elle est envahie par des plantes palustres et remplie de matières végétales en décomposition qui la rendent impure. Les lagunes s'étendent presque sans interruption sur une longueur d'environ 400 kilomètres ; elles ne sont séparées les unes des autres que par des marais et des isthmes étroits dont la plupart se couvrent d'eau pendant la saison des pluies. Elles sont utilisées par la navigation.

On entre ensuite dans une région de collines sablonneuses aux contours arrondis ; ce sont d'anciennes dunes disposées sans ordre et fixées depuis longtemps. L'eau, qui ne peut s'infiltrer profondément, à cause de l'imperméabilité du sous-sol argileux, s'accumule dans les dépressions et forme soit de petits ruisseaux lorsqu'elles communiquent entre elles et avec les vallées où coulent les rivières, soit de véritables marécages quand elles sont isolées et qu'autour d'elles la terre se relève de tous côtés. Les parties basses et humides disparaissent sous une épaisse végétation aquatique. Sur les pentes pousse le *ravinala* (*Ravinala Madagascariensis*), musée aux longues feuilles disposées en éventail sur un même plan, qui donne à cette zone un aspect tout particulier. Les sommets sont ou couverts d'herbes, ou absolument dénudés.

Après avoir franchi d'autres collines de formation plus ancienne, sur lesquelles restent quelques blocs de granite intacts au milieu de la roche désagrégée par les agents atmosphériques, et avoir traversé des vallées nombreuses et étroites où apparaissent plusieurs variétés de micaschistes, on arrive à la première chaine de montagnes et on entre dans la forêt. Suivant les points, celle-ci est plus ou moins épaisse et plus ou moins large, mais, presque partout, les arbres de diverses essences, les fougères arborisantes, les lianes et les plantes parasites y forment un fouillis difficile à pénétrer. Formé d'un argile rouge, le sol est profondément tourmenté par les érosions qui s'y sont produites et qui s'y produisent encore sous l'action des eaux sauvages. — Les cours d'eau qui vont aboutir à la côte orientale ont leur source dans cette région à l'exception du Mangoro ; celui-ci la longe d'abord du Nord au Sud et la traverse ensuite en se dirigeant vers l'Est.

Tout en restant à une altitude élevée durant la première partie de son cours, le Mangoro coule ainsi au fond d'une vaste dépression dont une partie a été occupée primitivement par un lac et qui sépare nettement la première chaîne de montagnes de la suivante.

A l'Ouest de cette dépression se dresse la seconde chaine d'où se détachent des rameaux secondaires. Les bois qui couvrent les flancs et qui couronnent les cimes des élévations constituent une zone forestière parallèle à la première et qui en reste bien séparée, tout en tendant à s'en rapprocher au Sud vers le point où le Mangoro change de direction.

C'est au sommet de ce deuxième gradin que s'étend le plateau central formant la province de l'Imerina. Il est traversé par de petites montagnes, et, au Sud-Ouest, il est dominé par le massif de l'Ankaratra où surgit le mont Tsiafajavona, point culminant de l'ile de Madagascar (2 800 m. environ). Tout ce massif est constitué par du gneiss dans lequel est intercalé le granite. Tantôt les roches cristallines sont à nu ; tantôt profondément décomposées, elles se sont peu à peu recouvertes d'une couche épaisse d'argile rougeâtre ; quelquefois les éléments désagrégés se sont resoudés et ont formé une sorte de grès granitoïde. L'Ankaratra renferme en assez grande abondance du quartz et plusieurs variétés de quartzites.

Par son aspect, le massif central diffère entièrement des régions voisines de la côte. Les arbres sont rares ; le sol ne nourrit qu'une herbe maigre et quelques broussailles. La terre végétale, entrainée par les pluies a glissé le long des pentes ; aussi les vallées sont-elles seules utilisées pour la culture ; elles sont en général transformées en rizières.

On attribue généralement l'aridité actuelle du massif central à la destruction par le feu de forêts qui le recouvraient primitivement. Bien qu'il soit difficile d'admettre que ces incendies aient été assez multipliés pour ne pas laisser plus de traces d'une ancienne végétation, il est certain qu'une telle pratique, inspirée autrefois aux Hova par des motifs militaires autant qu'agricoles, n'est pas étrangère à l'aspect désolé que présente aujourd'hui l'Imerina.

CLIMAT

D'une manière générale, l'île de Madagascar, en raison de sa position géographique, a un climat tropical, mais, par suite de l'altitude considérable d'une grande portion du pays, il existe, à ce point de vue, des différences très sensibles entre la côte et le centre.

L'année se divise en deux parties : la saison sèche, qui dure de Mars à Novembre, et la saison des pluies ou *hivernage*, qui s'étend de Novembre à Mars.

Cette séparation est surtout nettement tranchée dans les régions élevées. Sur le versant oriental, la précipitation aqueuse est plus active que dans le centre. Au bord de la mer, dans les zones forestières et dans la vallée du Mangoro, il pleut souvent de Mars à Novembre. Pendant l'année 1889, à Tamatave, le maximum a été observé en Février avec 605 millimètres d'eau et le minimum en Novembre avec 41. Le total de l'eau tombée a été, pour l'année entière de 3009 millimètres.

A Tananarive, Janvier est le mois qui donne le plus de pluie et Juillet le moins. Il y est tombé, en 1889, un total de 1103 millimètres d'eau.

Les cyclones qui désolent les îles voisines sont plus rares à Madagascar, tout en y étant encore fréquents malheureusement. Ils se produisent généralement vers la fin de l'hivernage à l'époque où le changement de mousson amène de grandes perturbations atmosphériques. En huit ans, il y en a eu quatre qui ont causé de grands dégâts dans les régions qu'ils ont traversées et déterminé de nombreux sinistres maritimes. Pour ne citer que les pertes subies par la marine française, le 25 Février 1885, l'aviso-transport l'*Oise*, mouillé en rade de Tamatave, a été jeté à la côte; le 25 Février 1888, le croiseur *Dayot* s'est perdu dans les mêmes parages; le 20 Février 1893, l'aviso de première classe le *La Bourdonnais* a été détruit devant Sainte-Marie et a perdu 23 hommes de son équipage. Quelques jours auparavant, le 29 Janvier 1893, un autre cyclone avait ravagé l'Imerina; à la suite de la rupture des digues de l'Ikopa, plusieurs villages avaient été inondés, d'autres anéantis et la récolte de riz avait été perdue.

Les orages sont fréquents, particulièrement dans l'intérieur et pendant la saison des pluies.

A Tamatave, au niveau de la mer, la température est élevée; en 1889, la moyenne a été de 25°.6 avec un maximum de 34°.6 le 13 Février, et un minimum de 17° le 31 Juillet, soit une oscillation de 17°.6. Pendant mon séjour, en Mars, la moyenne de mes observations thermométriques a été de :

```
        7 h. du matin. . .   26°.3
        1 h. du soir. . . .  28°.9
        8 h. du soir. . . .  25°
```

La quantité de vapeur d'eau contenue dans l'air est considérable. A la même époque, j'ai constaté que la tension de la vapeur avait varié entre $19^{mm}.5$ et 23^{mm} et l'humidité relative entre 60 et 94. Pour l'année entière, la première a été en moyenne de $18^{mm}.46$ et la seconde de 79.

A mesure qu'on avance dans l'intérieur des terres et que l'altitude augmente la température diminue. Dans le centre, à Tananarive, elle a été en moyenne de 19°.4 en 1889 ; le maximum de 28° a été observé le 24 Novembre et le minimum de 7°.1 le 3 Septembre, soit une oscillation de 20°.9. Au mois d'Avril, mes moyennes thermométriques ont été de :

```
7 h. du matin. . .    19°.5
1 h. du soir. . . .   22°.5
8 h. du soir . . .    19°.4
```

La tension de la vapeur d'eau a varié entre $9^{mm}.8$ et $14^{mm}.6$ et a été, pour l'année entière, de $11^{mm}.07$. L'humidité relative moyenne a été de 64. Ces chiffres montrent que le climat est beaucoup plus sec que dans la région côtière.

A Tananarive, le thermomètre ne descend jamais jusqu'au point de congélation de l'eau, mais, dans les montagnes de l'Ankaratra, les plus élevées de toute l'île, le fait, paraît-il, se produit quelquefois. J'ai d'ailleurs observé dans cette région, à Sarobaratra, au commencement de Mai, une température de 3°.4, vers 7 heures du matin.

Jusqu'à ces dernières années, la météorologie n'avait pas été étudiée à Madagascar avec assez de suite pour qu'on eût des données certaines et complètes sur toutes les particularités du climat. Il n'en est plus de même depuis la fin de 1889, époque à laquelle a été fondé un observatoire à Ambohidempona, près de la capitale. L'établissement, qui possède aussi un outillage astronomique, est pourvu de tous les instruments nécessaires à la mesure précise des phénomènes atmosphériques. Il a été installé et est actuellement dirigé avec beaucoup de zèle et de compétence par le R. P. Colin. C'est à un travail contenant les premiers résultats qu'il a obtenus (1) que j'ai emprunté quelques-uns des chiffres qui précèdent.

A cause de la température élevée et de l'humidité excessive, le climat de la côte est débilitant ; l'anémie est fréquente chez les étrangers établis depuis quelque temps à Madagascar ; il s'y joint des troubles dans les fonctions digestives et des affections du foie. La variation diurne, assez considérable, exerce aussi une fâcheuse influence sur la santé.

En dehors de ces maladies qu'on retrouve dans tous les pays tropicaux, les fièvres paludéennes sont très répandues à Madagascar. Elles

---

(1) *Résumé des Observations météorologiques faites à Tananarive en 1889*, par le R. P. Colin S. J. — Imprimerie de la mission catholique. 1890.

sévissent surtout dans le voisinage des lagunes et dans les zones forestières, partout où sont accumulées des matières organiques en décomposition. On en constate aussi à Tananarive, mais, comme les étrangers ne peuvent y arriver qu'après avoir traversé les régions infectées, il est difficile de savoir si ceux qui y sont malades de la fièvre ont été atteints par elle pendant leur séjour dans l'intérieur ou à leur passage sur la côte. D'après certaines personnes habitant le pays depuis longtemps, l'insalubrité du centre aurait augmenté dans ces dernières années. Quoi qu'il en soit, il existe encore, à ce point de vue une différence sensible entre le massif central et le littoral où les accès pernicieux sont fréquents et souvent mortels en cas de récidive.

En général, les Européens qui s'établissent à Madagascar ont besoin, pour s'acclimater, d'un certain temps pendant lequel leur santé est plus ou moins altérée, suivant le genre de vie et suivant les tempéraments. Pour quelques-uns l'acclimatement est même impossible.

POPULATION

La population indigène se partage en deux catégories distinctes aussi bien par l'aspect que par les aptitudes : les Malgaches et les Hova.

Sous la dénomination générale de Malgaches (1), on comprend un grand nombre de peuplades ayant des caractères ethniques variés, mais dont l'établissement à Madagascar remonte à une époque reculée. La côte Est est occupée dans ces conditions par les Betsimisaraka, qui se divisent en plusieurs tribus. Ils ont la peau foncée, les cheveux crépus et la taille élevée. Leurs caractères anthropologiques les rapprochent des Indonésiens, mais ils ont évidemment subi, surtout dans le voisinage de la mer, de nombreux mélanges avec d'autres populations.

Les Betsimisaraka sont doux et pacifiques, mais très indolents. Les villages qu'ils habitent sont petits et misérables, excepté près de la côte. Chez eux, le commerce existe à peine, les industries sont rudimentaires ; l'agriculture même n'est pratiquée que juste pour la satisfaction de besoins peu nombreux.

(1) On désigne aussi quelquefois par ce nom l'ensemble des habitants de Madagascar.

Les Hova (1), arrivés à Madagascar à une époque relativement récente, sont, d'après toutes les probabilités, d'origine malaise. Ils ont la peau jaune, les cheveux lisses, la taille et les formes peu développées. Ils sont intelligents et laborieux, mais rusés et défiants. On trouve chez eux une aptitude remarquable à prendre nos coutumes et nos usages.

Les Hova habitent la province de l'Imerina et, quoique le territoire qu'ils occupent soit un des plus stériles et des plus désolés de Madagascar, ils sont arrivés à y vivre dans une certaine abondance. Ils font beaucoup de commerce et pratiquent quelques industries; l'agriculture a atteint chez eux un notable degré de perfectionnement, surtout en ce qui concerne la création et l'entretien des rizières.

Les Hova, d'abord refoulés dans le centre par les anciens habitants de l'île, y sont restés longtemps cantonnés; peu à peu, par des conquêtes successives, ils ont étendu leur puis-

(1) Afin de suivre l'usage, je désignerai par le nom de *Hova* les habitants de l'Imerina; en réalité, ce nom ne s'applique qu'à une partie d'entre eux, comprenant seulement les hommes libres des castes roturières, par opposition aux nobles (*andriana*) et aux esclaves (*andevo*). L'appellation d'Antimérina, que le docteur Catat a proposé de donner à l'ensemble de la population de la province centrale, serait plus exacte et plus conforme à la terminologie adoptée pour les diverses peuplades de Madagascar.

sance sur une grande partie de Madagascar, notamment sur le versant oriental. Le gouvernement entretient des postes militaires et des agents administratifs dans les provinces soumises.

Au point de vue de la densité de la population, le centre et le reste du pays diffèrent beaucoup. Dans l'Imerina, les villes et les villages, souvent considérables, sont rapprochés ; chez les Betsimisaraka, excepté dans la région maritime, les villages sont, au contraire, petits et rares. Quelques-uns de ceux que j'ai visités dans la vallée du Mangoro se réduisent à cinq ou six cases.

La population étrangère est, en général, peu nombreuse, sauf à Tamatave et à Tananarive.

La grande majorité des Français habite Tamatave et fait du commerce ou de la culture. Sur le reste de la côte, nos compatriotes sont rares ; à Mahanoro, par exemple, on n'en trouve que deux, originaires de la Réunion. A Tananarive, en dehors de l'escorte militaire, du personnel de la Résidence, des différentes administrations et de la Mission catholique, on ne comptait, au moment de mon voyage qu'une quinzaine de Français, au plus.

Parmi les colons des autres nations, les Anglais l'emportent de beaucoup ; dans la capitale particulièrement, ils ne sont pas moins d'une cinquantaine. Sur la côte se sont surtout établis des Mauriciens; à Mahanoro, par exemple, on en compte une dizaine.

Les Allemands et les Américains ont fondé d'importantes maisons de commerce à Tamatave, dans quelques autres villes de la côte et à Tananarive.

Quelques Norvégiens sont installés à Tananarive et à Antsirabe, au Sud de l'Imerina.

Dans les villes de la côte orientale et particulièrement à Tamatave, à Andovoranto, à Mahanoro, habitent une grande quantité d'Indiens Malabares ; ils s'occupent du commerce de détail, où ils réussissent généralement mieux que les Européens. A Tamatave on compte aussi quelques Chinois.

Les Arabes sont assez nombreux dans l'Ouest et même à Diego-Suarez, mais on n'en rencontre aucun dans l'Est et dans le centre.

LANGAGE

La langue parlée dans toute l'île de Madagascar est le Malgache; dans chaque province on le prononce un peu différemment et on fait usage de quelques mots particuliers, mais, en somme, les changements ne sont pas considérables. Le dialecte hova est la forme la plus pure et la plus littéraire du Malgache.

Au moyen de préfixes et de suffixes, les substantifs, les adjectifs, les verbes et les adverbes se dérivent avec beaucoup de régularité d'un petit nombre de racines primitives. Les mots composés (1) sont nombreux ainsi que les mots redoublés.

Les caractères latins servent actuellement à écrire le Malgache ; ils ont été introduits sous le règne de Radama Ier par un sergent français. Auparavant on employait les caractères arabes. Il n'a jamais existé d'écriture nationale. A Madagascar, l'alphabet latin est réduit à vingt lettres par la suppression de c, q, u, w et x (2).

(1) Dans les mots composés malgaches, les mots composants éprouvent quelques modifications ; certaines syllabes finales disparaissent, particulièrement *ka*, *tra*, *na* ; la lettre initiale du mot qui suit est changée, *h* en *k*, *s* en *ts*, *l* en *d*, *v* en *b*, *z* en *j*, *f* en *p*, *r* en *dr*. — Exemple *efapolo*, quarante ; de *efatra*, quatre et *folo* dix.

(2) Tous les mots indigènes cités dans ce travail sont écrits avec l'orthographe malgache. — Les voyelles ont le même son qu'en français, sauf l'*o* qui se prononce *ou*. Les lettres *a* et *y*, à la fin d'un mot polysyllabe sont généralement muettes. Parmi les consonnes, *j* équivaut à *dz* et *s* se prononce souvent, surtout dans le peuple, d'une façon intermédiaire entre *s* et *ch* ; dans les autres cas il

Par suite de l'abondance relative des voyelles, la langue est douce et facile à prononcer. Il est aisé de l'apprendre, du moins pour les usages ordinaires de la vie ; mais elle est plus propre à décrire les objets matériels et les actes humains qu'à exprimer des idées abstraites.

Le Malgache est dérivé du Malais avec lequel il présente de grandes analogies tant dans les racines que dans la texture des phrases. Beaucoup de mots désignant des objets importés par les Européens sont tirés du français et n'ont subi d'autres modifications que l'intercalation de voyelles et, souvent, l'incorporation de l'article (exemple : *ny lakolosy*, la cloche). Quelques-uns viennent de l'Anglais (exemple : *ny bilistra*, le vésicatoire, de *blister*). Enfin un certain nombre de mots ont une origine arabe : ce sont surtout ceux qui désignent les astres, ou qui se rapportent à la nomenclature des divisions du temps (1) et aux opérations du *sikidy* (2).

est dur, ainsi que *g*. Les lettres *m* et *n*, suivant un *a*, forment avec lui un son nasal et, de plus, se font entendre : par exemple *andro*, jour, se prononce *an-ndrou*.

(1) Voir page 147, la note sur les noms des jours de la semaine.

(2) Le *sikidy* est l'art de la divination. Il se pratique, le plus souvent, avec des graines qu'on répand au hasard pour former des figures dont chacune a un sens déterminé.

Les missionnaires catholiques sont les auteurs d'importants travaux sur la langue malgache. Ils ont publié à l'imprimerie de Mahamasina à Tananarive, des *Dialogues français-malgaches* (1887), un *Dictionnaire malgache-français* (RR. PP. Abinal et Malzac S. J. 1888), un *Vocabulaire francais - malgache* (1880), une *Grammaire malgache* (R. P. Causséque S. J., 1886). Une autre grammaire, plus élémentaire, avait été éditée, en 1855, à l'ile Bourbon par l'établissement de Notre-Dame de la Ressource.

Parmi les ouvrages dûs à des étrangers, on peut citer deux dictionnaires malgaches-anglais publiés, l'un, en 1835, par les missionnaires protestants, l'autre, en 1885, par M. Richardson.

Quelques-uns seulement de ces ouvrages se trouvent dans les bibliothèques publiques de Paris. La bibliothèque de l'Ecole des Langues orientales notamment est très pauvre en livres sur le Malgache. En France, cette langue n'est enseignée nulle part. A la Résidence générale de Tananarive existe une école d'interprètes dont les élèves sont de jeunes Français pourvus du diplôme d'instituteur ; elle a été fondée par M. Le Myre de Vilers et est exclusivement destinée à former des agents pour le service du Protectorat.

Parmi les langues étrangères, la plus connue à Madagascar est l'Anglais, particulièrement chez les Hova. — Le Français commence à se répandre : dans la capitale et sur la côte, beaucoup d'indigènes en savent quelques mots.

CHAPITRE II

POIDS — MESURES — MONNAIES

Les Hova emploient la numération décimale, mais ils n'ont pas su en tirer un système national de poids et de mesures. Celles-ci n'ont, en général, aucune précision. A part un petit nombre, elles varient suivant les localités et servent peu dans les relations commerciales avec les Européens. Je dirai seulement quelques mots des principales.

MESURES DE LONGUEUR

Parmi les mesures linéaires, on peut citer le *Refy* dont on se sert surtout pour les étoffes ; il correspond au plus grand écartement des bras ou environ 1 m. 80. Le seul sous-multiple est le *Zehy* qui est contenu huit fois dans le refy et qui équivaut à $0^m.225$; c'est à peu près le plus grand écartement des doigts de la main.

Pour les multiples, l'adjectif ordinal malgache, employé substantivement, désigne le nombre correspondant ; ainsi

Fahefatra (1) = 4 brasses = 7 m. 20.
Fahadimy (2) = 5 brasses = 9 m.

La moitié de cette mesure se nomme
Sasapahadimy (3) = 2 brasses 1/2 = 4 m 50.

A Tananarive, le yard anglais, équivalant à 0 m. 914, est d'un usage courant, même parmi les indigènes qui lui ont donné le nom de *laonina* (4) — Cet emploi constitue un désavantage pour les commerçants français, car les Hova n'apprécient pas la différence entre le mètre et le yard, de sorte que des étoffes, par exemple, métrées suivant le système français leur semblent plus chères que les mêmes étoffes vendues par les Anglais. Nos compatriotes feront donc bien, jusqu'à nouvel ordre, en établissant leurs prix, de tenir compte des habitudes locales.

Aucune mesure itinéraire indigène n'est en usage. Les malgaches désignent généralement

---

(1) *Fahà*, préfixe de l'adjectif ordinal ; *efatra*, quatre.
(2) *Dimy*, cinq.
(3) *Sasaka*, moitié ; *fahadimy*, cinq brasses.
(4) Du français *l'aune* — Il est singulier de voir appliquer à une mesure anglaise le nom d'une mesure française d'une autre valeur, puisque l'aune correspondait à environ 1 m. 18.

les distances par le temps qu'on met à les parcourir à pied, mais comme, bien que le système européen des heures commence à se répandre chez eux, au moins dans les villes, la métrologie du temps y reste très imparfaite, les renseignements qu'ils donnent sont rarement exacts.

MESURES DE CAPACITÉ

Les mesures de capacité sont peu nombreuses. Le *Fatra* ou *Famarana* est employé pour les grains dans le commerce de détail ; il correspond à 430 ou 450 centimètres cubes.

Le *Vary* sert pour les ventes plus importantes, particulièrement pour celles du riz, d'où est tiré le nom de cette mesure ; il équivaut à environ 6 décalitres. Les sous-multiples les plus usités sont les suivants :

Tapa paheniny = 1/12 *vary* = 1/2 décalitre
Fahenim-bary = 1/6 *vary* = 1 »
Fahatelom-bary = 1/3 *vary* = 2 »
Tapa-bary = 1/2 *vary* = 3 »
Roa-tokom-bary = 2/3 *vary* = 4 »

POIDS

Très peu d'objets se vendent au poids entre les indigènes et, quand ce moyen est employé, les poids, dès qu'ils sont un peu considérables, sont estimés sans recours à la balance. Pour le bois de chauffage, par exemple, l'unité est la charge d'un homme, c'est-à-dire de 40 à 45 kilogrammes. C'est seulement dans la vente de menus objets ayant une certaine valeur qu'on fait usage des poids employés pour évaluer la monnaie d'argent coupé et dont je parlerai plus loin.

A Tananarive, quelques commerçants indigènes se servent de la livre anglaise correspondant à 0 kil. 4536 ; c'est aussi l'unité de poids qu'emploie l'administration hova.

MONNAIES

La seule monnaie employée actuellement à Madagascar est la pièce de cinq francs française entière ou coupée en morceaux dont la valeur s'apprécie au moyen d'une balance et de poids marqués.

La pièce de cinq francs est appelée *piastre* par les Européens et *ariary* par les indigènes.

La première dénomination vient de ce que, primitivement, les monnaies importées à Madagascar étaient d'origine espagnole.

Les Malgaches commencent à accepter toutes les pièces de cinq francs de l'Union monétaire, mais certaines d'entre elles sont préférées : en première ligne vient la pièce de la République dite à *colonnes*, puis les pièces françaises de types différents, enfin les pièces des autres pays. Les indigènes n'acceptent qu'avec beaucoup de difficultés ou refusent absolument les pièces dont l'exergue, au lieu d'être en relief, est en creux, comme par exemple les pièces italiennes ; elles portent le nom de *tombotsisina* (1).

Tamatave est le seul point de l'île où l'on arrive à faire recevoir aux indigènes des pièces de deux francs ou d'un franc. Partout ailleurs elles sont refusées. Elles ne peuvent même pas servir à faire de la monnaie coupée, parce que chaque fraction, quelque petite quelle soit, doit manifestement provenir d'une pièce de cinq francs.

La monnaie d'or n'a pas cours. A Tananarive, elle est recherchée pour être donnée à la

---

(1) *Tomboka*, marque ; *sisina*, enlevée par petit morceaux.

reine comme *hasina* (1) au moment de la fête du Bain. Les pièces d'or de cinq francs, considérées, non comme monnaies, mais comme marchandises sont parfois, peu de temps avant le *fandroana*, vendues le double de leur valeur.

Les piastres d'argent sont divisées par les indigènes en fragments plus ou moins gros au moyen d'un outil tranchant et d'un marteau. Cette monnaie coupée s'appelle en malgache *vakim-bola* (2). Les morceaux ont des formes irrégulières et la valeur ne peut pas en être appréciée à la vue. On se sert donc de petites balances.

Ces balances, de fabrication indigène, portent le nom de *mizana* qui vient de l'arabe. Elles sont entièrement en cuivre ; chacun des bassins est soutenu par trois petites chaines ; le fléau est percé en son milieu d'un trou dans lequel passe un fil. On tient ce f˙ sur un doigt lorsqu'on veut se servir de l'instrument. La position d'équilibre est indiquée par une aiguille qui fait corps avec le fléau et qui lui est perpendiculaire ; elle doit se trouver dans le même plan que les fils quand les bassins contiennent des poids égaux. — Ces balances sont généralement

---

(1) Le *hasina* est un cadeau offert comme marque de reconnaissance de la souveraineté.

(2) *Vaky*, partagé ; *vola*, argent.

sensibles et exactes ; d'ailleurs, d'après un usage constant à Madagascar, chaque pesée est controlée en mettant l'argent dans le plateau qui portait les poids et réciproquement. *Aradio!* (change!) dit, après la première opération, le vendeur à l'acheteur qui se sert ordinairement de sa balance et fait les pesées.

Les poids, en fer, sont poinçonnés par le gouvernement hova. Ils ont la forme d'un cube ou d'un prisme droit à base octogone. Ces poids ne correspondent pas exactement à ceux des divisions équivalentes de la pièce de cinq francs. Ainsi le morceau de fer poinçonné qui représente la valeur de la moitié de la piastre ou 2 fr. 50 est de 13 gr. 5 au lieu de 12 gr. 5, soit une différence de 1 gramme. La valeur d'une piastre en monnaie coupée pèse donc 27 gr. au lieu de 25. Il en résulte qu'en changeant une piastre contre de la monnaie, à poids égal, on n'a qu'une somme représentée par

$$5 \text{ fr. } 00 \times \frac{25}{27} = 4 \text{ fr. } 63 \text{ c.}$$

Le résultat est le même pour celui qui coupe la monnaie : sur 5 fr. il éprouve une perte de 0 fr. 37.

Les poids actuellement en usage ont les dénominations et les valeurs suivantes :

Loso	= 1/2	*ariary*	= 2f 50
Kirobo (1)	= 1/4	«	= 1,25
Sikajy	= 1/8	«	= 0,625
Roavoamena (2)	= 1/12	«	= 0,416
Lavoamena (3)	= 1/48	«	= 0,104
Eranambatry (4)	= 1/72	«	= 0,069
Varifitoventy (5)	= 1/96	«	= 0,052
Varidimiventy (6)	= 1/144	«	= 0,033

Au moyen de ces poids, on en obtient d'autres par somme ou par différence ; ainsi pour avoir un *voamena* qui est la 24e partie de la piastre, on met dans un plateau de la balance un *sikajy* et dans l'autre un *roavoamena* plus les morceaux d'argent ; en effet :

$$\frac{1}{8} - \frac{1}{12} = \frac{1}{24}$$

(1) Le mot *vola* qui désigne l'argent en général est employé comme synonyme de *kirobo* dans l'expression consacrée *vola folo*, littéralement dix argents, pour dix kirobo, soit 12 fr. 50.

(2) *Roa*, deux; *voamena*, vingt-quatrième partie de la piastre. — Le mot *voamena* veut dire fruit rouge; cela semble indiquer qu'à l'origine ce poids était celui d'une graine, comme on va en voir d'autres exemples.

(3) Pour *ilavoamena* — *Ila* moitié de...; *voamena*.

(4) *Erana*, mesure de...; *ambatry* graine de l'ambrevade (*Cajanus indicus*) qui servait autrefois de poids; il était considéré comme équivalant à celui de 10 grains de riz.

(5) *Vary*, riz; *fito*, sept. *Venty*, unité. Poids de 7 grains de riz.

(6) *Vary*, riz ; *dimy*, cinq; *venty*, unité. Poids de 5 grains de riz.

Pour les sommes inférieures au *voamena*, on se servait autrefois comme poids, de grains de riz ; le voamena était équivalent à 30 de ces grains. On a fabriqué depuis, pour ces petites fractions, des morceaux de fer poinçonnés ayant la forme d'un cylindre quadrilobé ; ce sont les quatre derniers du tableau précédent. Aujourd'hui le poids en argent d'un grain de riz, qui se nomme *variraiventy* et qui représente la 720e partie de la piastre ($\frac{1}{24\times 30} = \frac{1}{720}$) est encore la plus petite somme entrant dans les comptes.

Voici du reste les noms et les valeurs des combinaisons les plus usitées, ainsi que le moyen de les obtenir avec les poids fondamentaux. Les fractions correspondent aux poids du tableau précédent ; celles qui sont affectées du signe — représentent les poids qu'on met dans le bassin où se place l'argent :

Latsa-tsikajy. (1) . . $\frac{1}{2} + \frac{1}{2} - \frac{1}{8}$ = 4 f. 375

Ariary latsa-benty. (2) . . . . . . $\frac{1}{2} + \frac{1}{4} + \frac{1}{12}$ = 4 f. 166

Kirobotelo. (3) . . . $\frac{1}{2} + \frac{1}{4}$ = 3 f. 75

(1) Pour *Ariary latsa-tsikajy*. — *Ariary* piastre : *latsaka* diminuée de : *sikajy*, huitième partie de la piastre.

(2) *Venty*, sixième de la piastre.

(3) *Kirobo*, quart de la piastre : *telo*, trois.

Kirobotelo latsak-eranambatry. (1). $\frac{1}{2} + \frac{1}{4} - \frac{1}{72} = 3\,f.\,652$

Venty sy loso. .... $\frac{1}{2} + \frac{1}{4} - \frac{1}{12} = 3\,f.\,30$

Sikajy dimy. (2). . $\frac{1}{2} + \frac{1}{8} \phantom{- \frac{1}{12}} = 3\,f.\,125$

Sikajy dimy latsak-eranambatry. . . $\frac{1}{2} + \frac{1}{8} - \frac{1}{72} = 3\,f.\,075$

Roavoamena sy loso $\frac{1}{2} + \frac{1}{12} = 2\,f.\,904$

Lasiray sy loso. . . $\frac{1}{2} + \frac{1}{12} - \frac{1}{48} = 2\,f.\,812$

Loso sy voamena. $\frac{1}{2} + \frac{1}{8} - \frac{1}{12} = 2\,f.\,70$

Loso latsak-eranambatry . . . . $\frac{1}{2} - \frac{1}{72} = 2\,f.\,433$

Lasiventy sy kirobo $\frac{1}{2} + \frac{1}{48} - \frac{1}{12} = 2\,f.\,25$

Venty sy kirobo. . . $\frac{1}{2} - \frac{1}{12} = 2\,f.\,083$

Lasitelo sy kirobo. $\frac{1}{4} + \frac{1}{8} - \frac{1}{48} = 1\,f.\,979$

Lasiroa sy kirobo. . $\frac{1}{4} + \frac{1}{12} + \frac{1}{48} = 1\,f.\,771$

---

(1) *Kirobotelo*, trois kirobo ; *latsaka*, diminués de ; *eranambatry*, soixante-douzième partie de la piastre.

(2) *Sikajy*, huitième de la piastre ; *dimy*, cinq.

Sasanangy sy vari-miventy . . . . . $\frac{1}{4} + \frac{1}{12} + \frac{1}{144} = 1\,\text{f.}\,716$

Sasanangy. (1) . . . $\frac{1}{4} + \frac{1}{12} \qquad = 1\,\text{f.}\,666$

Raimbilanja sy va-ridimiventy . . . $\frac{1}{8} + \frac{1}{12} + \frac{1}{144} = 1\,\text{f.}\,507$

Raimbilanja . . . . $\frac{1}{8} + \frac{1}{12} \qquad = 1\,\text{f.}\,041$

Lasiventy. (2) . . . . $\frac{1}{4} + \frac{1}{48} - \frac{1}{12} = 0\,\text{f.}\,937$

Venty. . . . . $\frac{1}{4} - \frac{1}{12} \qquad = 0\,\text{f.}\,833$

Lasitelo. (3). . . . . $\frac{1}{8} - \frac{1}{48} \qquad = 0\,\text{f.}\,733$

Sikajy latsak-era-ny. (4). . . . . . $\frac{1}{8} - \frac{1}{72} \qquad = 0\,\text{f.}\,554$

Lasiroa. (5) . . . . $\frac{1}{12} + \frac{1}{48} \qquad = 0\,\text{f.}\,525$

Diminambatry. (6). $\frac{1}{12} - \frac{1}{72} \qquad = 0\,\text{f.}\,345$

(1) *Sasaka* moitié de ; *angy*, nom d'un fruit qui servait autrefois de poids.
(2) Pour *llasiventy* — *lla*, moitié (de voamena): *sy*, et; *venty*, sixième de la piastre.
(3) Pour *llasitelo* — *lla*, moitié; *sy*, et; *telo*, trois voamena).
(4) Pour *eranambatry*, contraction.
(5) Pour *llasiroa* — *lla*, moitié; *sy*, et: *roa*, deux.
(6) *Dimy*, cinq: *ambatry*, soixante-douzième partie de la piastre.

$Lasiray.$ (1) . . . . $\frac{1}{12} - \frac{1}{48}$ $= 0\,\text{f}.\,312$

$Efatrambatry.$ (2) . $\frac{1}{12} - \frac{1}{48} - \frac{1}{144} = 0\,\text{f}.\,277$

$Latsapaheniny.$ (3). $\frac{1}{8} - \frac{1}{12} - \frac{1}{144} = 0\,\text{f}.\,162$

$Roanambatry$ . . . $\frac{1}{48} + \frac{1}{144}$ $= 0\,\text{f}.\,138$

Toutes ces subdivisions ne sont d'un usage courant qu'entre les indigènes. Les commerçants européens établissent leurs comptes en piastres et en centièmes de piastres.

Une grande quantité de fausse monnaie circule à Madagascar, surtout dans les petites coupures. On la reconnait en frottant énergiquement les morceaux suspects contre une planche en bois : s'ils sont en plomb, les arêtes s'émoussent; s'ils sont en cuivre argenté, la couche superficielle est enlevée et laisse voir le métal intérieur dont la couleur est différente.

L'emploi de la monnaie coupée rend les transactions difficiles et longues, car il faut faire de nombreux essais avant de réunir les morceaux d'argent correspondant exactement au

---

(1) Pour *Ilasiray* — *Ila*, moitié; *sy*, et; *iray*, un.
(2) *Efatra*, quatre; *ambatry*.
(3) *Latsaka*, diminué de; *paheniny*, un sixième. Le mot *voamena* est sous-entendu.

paiement à effectuer. D'après l'usage, l'acheteur doit fournir la somme exacte, le vendeur ne rendant jamais de monnaie.

Comme l'argent coupé ne peut guère sortir de Madagascar, il ne s'y produit jamais de crise monétaire. C'est le seul avantage de ce système.

Le gouvernement hova a eu, à plusieurs reprises, le projet de frapper de la monnaie. Au moment de mon voyage il avait même fait venir d'Europe une partie du matériel nécessaire. Les pièces devaient correspondre aux divisions actuellement en usage et non aux divisions décimales. En dehors de leurs avantages bien connus, celles-ci forment le système français ; c'était une raison suffisante pour recommander leur adoption dans un pays placé sous notre protectorat. Au contraire, une pièce comme le *kirobo*, d'une valeur de 1 fr. 25, se rapproche plus du *shilling* que du *franc* ; la création de monnaie frappée de ce type aurait pu être considérée, à juste titre, comme une concession à une influence étrangère qui ne s'est fait jusqu'à présent que trop sentir à Madagascar. Du moment où on n'imposait pas aux Hova, l'adoption de notre système de monnaies, il y avait aucun intérêt à changer l'état de choses existant. Il est donc heureux que le gouvernement de Tananarive n'ait pas donné suite à son projet.

CHAPITRE III

TRANSPORTS

COMMUNICATIONS AVEC L'EXTÉRIEUR

Madagascar est en relation directe et régulière avec la France par une ligne de paquebots de la Compagnie des Messageries maritimes. Quatre navires, dont deux ont une jauge de 3 150 tonneaux et une force de 2 400 chevaux, et deux autres une jauge de 2 600 tonneaux et des machines de 1800 chevaux, desservent cette ligne. Le départ a lieu de Marseille le 12 de chaque mois; après avoir touché à Port-Saïd, Suez, Obock, Aden, Zanzibar, Mayotte, Nosy-Be, Diego-Suarez et Sainte-Marie, le bâtiment s'arrête à Tamatave vingt-six jours après le départ; il va ensuite à la Réunion et à Maurice.

On peut aussi aller à Tamatave par une ligne indirecte en empruntant jusqu'à Mahé le paquebot d'Australie, qui part de Marseille le 1ᵉʳ de chaque mois; une ligne annexe conduit à la Réunion, et là, on prend au retour le paquebot de la ligne directe pour gagner Tamatave. La durée du trajet est à peu près la même.

Le prix du transport des voyageurs de Marseille à Tamatave est de 1450 fr. en première classe, de 915 fr. en seconde et de 450 fr. en troisième.

Pour les marchandises, le frêt par mètre cube ou par 1000 kilogrammes est de 60 fr.; pour certaines catégories d'objets, il descend à 48 fr. — Les petits colis, c'est-à-dire ceux dont le volume n'excède pas 60 centimètres cubes et le poids 20 kilogrammes, sont transportés d'après un tarif spécial qui est plus élevé proportionnellement.

Pendant mon séjour à Madagascar, la Compagnie des Messageries maritimes a établi une ligne annexe desservant la côte Ouest de l'île. Le *Mpanjaka*, qui fait ce service, jauge 580 tonneaux et possède une machine de 450 chevaux; il correspond, à Nosy-Be, avec les paquebots de la côte orientale d'Afrique, et dessert les rades de Morotsanga, Mojanga, Maintirano, Morondava, cap Saint-Vincent et Nosy-Ve.

Les bâtiments à vapeur de la compagnie Havraise péninsulaire font aussi un service régulier de France à Tamatave. Le frêt des marchandises est de 45 fr. par 1000 kilogr.; il est donc moins élevé que par la ligne des Messageries maritimes, mais la durée du transport est plus longue. Les navires partent tous les mois du Havre et font escale à Bordeaux-Paullac et à Marseille.

Les paquebots des Messageries Maritimes, étant chargés du service postal, ne peuvent rester qu'un temps assez court et toujours limité dans les rades de Diego-Suarez et de Tamatave. Par suite de l'absence de toute commodité pour la manutention des marchandises, il arrive fréquemment, surtout quand la mer est mauvaise, que toutes celles à destination d'un de ces points ne peuvent être débarquées : elles ne le sont qu'au retour, c'est-à-dire avec un retard d'environ un mois, puisque le paquebot reste vingt jours à la Réunion.

Des paquebots appartenant à la « Castle-Mail-Company » passent tous les quarante jours à Tamatave et mettent ce port en relation avec le cap de Bonne-Espérance, le Transvaal et Port-Natal.

PORTS ET RADES

La côte orientale de Madagascar n'offre que peu d'abris aux navires qui viennent y mouiller.

Par suite de sa disposition, les refuges naturels se trouvent surtout dans le Nord, où les plus importants sont la baie de Diego-Suarez et la baie d'Antongil.

La baie de Diego-Suarez compte parmi les plus belles du monde. Sur la rade centrale, à laquelle donne accès une passe défendue par l'île de la Lune (Nosy-Volana), s'ouvrent quatre anses intérieures, deux au Nord et deux au Sud. C'est à l'entrée d'une de ces dernières, l'anse de la Nièvre, devant la ville d'Antsirana, qu'abrités contre la mousson du Sud-Est mouillent ordinairement les bâtiments La baie de Diego-Suarez est vaste, sûre et commode, mais malheureusement, faute de signaux, elle est encore d'un abord difficile ; pour remédier à cet inconvénient, on doit prochainement construire un phare au Sud de l'entrée, près du village d'Orangea, où se trouve déjà un sémaphore ; de plus, un signal et un feu de couleur, établis dans l'Ile-aux-Aigrettes, indiqueront aux navires l'axe de la passe.

L'outillage nécessaire à un port de commerce est encore insuffisant. L'administration coloniale et la Compagnie des Messageries maritimes ont des appontements, mais on ne veut rien faire de définitif sur l'emplacement actuel de débarquement où seront creusés plus tard des bassins de radoub. Jusqu'à présent, toutes les ressources disponibles ont été consacrées aux travaux de défense. D'ailleurs, c'est surtout au point de vue maritime et militaire que Diego-Suarez a une grande valeur; au point de vue commercial, cette possession n'aura sans doute jamais qu'une importance restreinte, à cause de sa situation à l'extrémité de l'île et de la difficulté des communications avec l'intérieur. Néanmoins, la grande usine pour la fabrication des conserves de viandes qui a été installée récemment et les salines qu'on commencera bientôt à exploiter aux environs d'Antsirana contribueront, sans aucun doute, à donner au port un certain mouvement.

La baie d'Antongil est trop largement ouverte aux vents du Sud-Est pour que les navires y soient toujours en sûreté. C'est regrettable, car cette baie est appelée à être très fréquentée quand les magnifiques forêts qui existent à proximité seront en plein rapport.

Au Sud de la baie d'Antongil se trouvent quelques petits ports qui sont surtout visités par des bâtiments venant y embarquer des bœufs pour les Mascareignes et par des boures caboteurs.

Le port de Sainte-Marie de Madagascar est situé en face de cette partie de la côte. Il est formé par deux pointes qui s'avancent dans le canal séparant l'ile de la Grande-Terre. La rade, abritée des vents par les collines Saint-Pierre, offre un bon mouillage.

Différentes taxes de navigation ont été établies à Sainte-Marie par les arrêtés locaux du 30 Octobre 1888 et du 22 Septembre 1889. Les droits d'ancrage varient de 5 à 8 fr. pour les caboteurs et de 35 à 75 fr. pour les navires de 30 à 100 tonnes et au-dessus. Les droits sanitaires sont de 2 à 5 fr. pour les caboteurs, de 10 fr. pour les grands bâtiments et de 1 fr. pour les pirogues venant de Madagascar. Le pilotage est fixé à 25 fr. pour tout bâtiment naviguant au grand cabotage et à 60 fr. pour tout bâtiment naviguant au long cours.

A partir de Foulpointe, en continuant à descendre vers le Sud, la côte, presque en ligne droite, n'offre plus d'abris naturels; en outre, les récifs de coraux sont assez nombreux. Les rades, entre autres celles de Tamatave, de Vatomandry, de Mahanoro et de Masindrano, présentent donc, surtout par certains temps, des dangers sérieux; elles sont aussi très incommodes à cause de la distance à laquelle les navires doivent rester de la côte. Jusqu'à présent rien n'a été fait pour les améliorer.

La rade de Tamatave est la plus fréquentée, puisque c'est par cette ville que se fait la majeure partie du commerce de la côte orientale et de la province centrale. Elle présente si peu de sécurité que, dans ces dernières années, plusieurs navires ont été jetés sur les récifs voisins et s'y sont perdus. L'absence de phare rend impossible l'attaque de la côte pendant la nuit, et l'unique signal qui se dresse sur la pointe Tanio est lui-même insuffisant pour guider les navires durant le jour.

Les bâtiments de commerce ne trouvent à Tamatave aucune facilité pour débarquer ou embarquer les marchandises. Aucune jetée, pas même un simple warf; autrefois, paraît-il, on avait construit un petit quai, mais il a été démoli. Actuellement les caisses et les ballots sont transportés par des chalands qui viennent s'échouer sur le sable de la plage et qui sont ensuite vidés par des porteurs obligés d'entrer dans l'eau jusqu'à la ceinture.

Pour l'embarquement des marchandises, on opère une manœuvre inverse, mais souvent les difficultés sont grandes. C'est ce qui arrive pour le chargement des bœufs vivants qu'on exporte; au moyen de cordes attachées aux cornes et à l'une des jambes de derrière, les bêtes sont trainées dans la mer jusqu'à ce que l'eau leur monte aux épaules; à ce moment, elles sont amarrées par la tête à des perches posées en travers d'une pirogue et qui en reçoivent une à chaque extrémité; quand la charge est complète, la pirogue, avec les bœufs ayant seulement le mufle hors de l'eau, est remorquée jusqu'auprès du navire sur le pont duquel les animaux sont, avec un palan, hissés par les cornes. Souvent ils se noient pendant le trajet ou sont blessés mortellement par les requins, très nombreux dans la rade de Tamatave; armés de sagaies, les conducteurs des pirogues les guettent, mais ils n'arrivent pas toujours à les atteindre.

Ces difficultés et ces lenteurs disparaitront si on exécute les travaux projetés. M. Suberbie a obtenu, en 1886, du gouvernement hova la concession du port de Tamatave en même temps que de celui de Mojanga sur la côte Ouest. Dressé par M. Laillet, le projet comprend deux jetées, l'une de 35 mètres, l'autre de 400, plus un phare et des docks (1). La dépense est évaluée à 804 468 fr. Les concession-

---

(1) *Etude sur l'établissement des ports, docks et phares de Tamatave et Mojanga*, par E. Laillet, ingénieur.

naires réclameront par tonne un droit de port de 0 fr. 25, un droit de phare de 0 fr. 25, un droit de dock de 1 fr. pour les marchandises entrant dans les magasins généraux, et un droit d'entrepôt de 2 fr.

Les autres rades de la côte Est se trouvent dans les mêmes conditions défectueuses que celles de Tamatave, mais elles sont peu fréquentées. A Mahanoro, en dehors des boutres indigènes, il ne mouille guère par an que 12 à 15 navires et un peu plus à Masindrano.

FLEUVES, RIVIÈRES ET LAGUNES

Sur le versant oriental et dans le centre, les fleuves et les rivières de Madagascar ne sont pas navigables ou ne le sont que dans une partie très limitée de leur cours. Dans les régions montagneuses, ils se trouvent fréquemment interrompus par des cascades et des rapides; c'est seulement lorsqu'ils coulent sur des plateaux ou dans la zone alluviale près de leur embouchure qu'ils peuvent être utilisés pour les transports.

Je prendrai pour exemple le Mangoro, dont j'ai suivi les bords depuis la mer jusqu'au point où il coupe la route de Tamatave à Tananarive.

C'est l'un des plus grands fleuves se jetant dans l'Océan Indien. Il ne peut être remonté facilement que jusqu'à 12 ou 15 kilomètres de la mer ; encore a-t-il peu de fond et son lit est-il embarrassé par des bancs de sable que le courant déplace continuellement. A partir des petites îles dites Nosindrava et Nosinatody, la navigation devient pénible : le fleuve est encombré de roches et d'îlots couverts d'arbres ; ces obstacles produisent des rapides et de petites chutes auxquelles on a donné le nom de *cascades du Mangoro*. Pour les franchir, on emploie des pirogues d'une construction spéciale, courtes, solides, ayant l'arrière et l'avant très relevés ; on remonte par certains passages connus des pilotes du pays, en appuyant des perches sur le fond, en raclant les pierres et les rochers avec l'embarcation. Périlleuse, surtout quand les pirogues sont fortement chargées, la descente se fait par les rapides. A une journée du point que j'ai indiqué, toute navigation devient impossible et les transports doivent s'opérer par terre. — Plus haut, le Mangoro est coupé par des chutes élevées, placées à peu de distance les unes des autres. — Plus haut encore, dans la partie de son cours où le fleuve coule du Nord au Sud entre les deux premières chaînes de montagnes parallèles à la côte, il redevient navigable, mais il est inutilisé, aucun trafic ne se faisant dans ce sens.

Sur les hauts plateaux du centre, certains cours d'eau peuvent servir aux transports. Une partie des approvisionnements de la capitale arrive ainsi d'une distance de 20 à 30 kilomètres en suivant l'Ikopa et divers canaux secondaires. C'est par cette voie que Tananarive se procure certains matériaux de construction, des produits alimentaires et le combustible.

Dans une grande partie du pays, les cours d'eau ne peuvent donc être employés pour de longs transports que d'une façon exceptionnelle, mais les marchandises ont souvent à les traverser. Les ponts sont rares et ceux qu'on rencontre se bornent ordinairement à une ou deux pièces de bois grossièrement équarries et fléchissant d'une manière inquiétante sous une charge même modérée. Dans l'Imerina existent quelques ponts en pierre, mais en mauvais état et presque impropres au passage; souvent, comme à celui d'Antanjonbato, sur l'Ikopa, il n'en reste que les piles. Il faut donc recourir aux pirogues indigènes, qu'on trouve à tous les points où une rivière non guéable est coupée par une route. Creusées dans un tronc d'arbre, elles ont peu de largeur. De là de graves difficultés pour certaines marchandises que leurs dimensions empêchent de placer à l'intérieur ; force est de les faire reposer sur les bordages ; dans cette position, si elles sont lourdes, elles élèvent trop le centre de gravité de l'embarcation, exposée dès lors à chavirer. C'est une cause fréquente de pertes et d'avaries. Le seul moyen de les éviter est de réunir plusieurs pirogues, en les attachant bord à bord.

Si les transports par eau sont peu utilisés pour le commerce dans l'intérieur, il n'en est pas de même dans la région côtière de l'Est. Là, les lacs, les lagunes et certaines parties du cours inférieur des rivières forment, à peu de distance de la mer, une voie presque ininterrompue et très fréquentée, tant à cause du prix élevé des transports par terre que des dangers de la navigation côtière et des difficultés d'embarquement et de débarquement des marchandises dans les bâtiments qui font le cabotage. Le trafic est considérable le long de la côte, parce que c'est une région de production et de consommation dans laquelle la population a relativement une densité élevée ; parce que, de chaque village, on a à envoyer des marchandises dans les ports où se centralisent les communications avec le dehors, et à en tirer d'autres, notamment des produits européens.

Par suite de l'importance commerciale de Tamatave, c'est dans le voisinage de ce port que le mouvement est le plus actif: en outre, la route qui conduit à la capitale ne s'éloignant de la mer qu'à partir d'Andovoranto, les marchandises qui viennent de l'Imerina et celles qui s'y rendent peuvent être transportées par eau entre cette ville et Tamatave.

A partir de ce point, les pirogues suivent le Manangaresa, qui communique une partie de l'année, pendant la saison des pluies, avec une rivière se jetant dans les lacs Nosy-Ve et Sarobakiny. Une mince bande de terre sépare ce dernier de l'Irangy, qui coule parallèlement à la côte pendant plus de vingt kilomètres et qui forme le lac Mangoaka, où se déverse une rivière conduisant à Ampanotomaïzina. A la suite sont les lacs Rasoamasay et Rasoabe, la rivière d'Andavakamenarana et des marais ayant assez de profondeur pour permettre d'atteindre la bouche de l'Iaroka, près d'Andovoranto.

Au Sud de cette ville, le système hydrographique est le même. Un coup d'œil jeté sur la carte montre que, sur une longueur de 300 kilomètres, des lagunes, des lacs et des rivières s'étendent dans la région côtière d'une façon presque continue; les parties navigables ne sont séparées que par des marais remplis d'eau, pendant l'hivernage seulement, ou par des isthmes étroits. Pour les traverser, les pirogues sont vidées et trainées sur le sable, les marchandises sont portées par des hommes; quand les embarcations sont remises à flot, on les recharge et la navigation continue.

Les pirogues employées pour les transports, particulièrement entre Tamatave et Andovoranto, peuvent porter environ 500 kilogrammes; chacune d'elles est conduite par deux hommes. On en fait le plus souvent voyager plusieurs ensemble, afin d'avoir un personnel suffisant pour opérer le passage des isthmes.

Le prix du transport de la tonne, par eau, entre Tamatave et Andovoranto, est d'environ 25 fr., sans compter la location des pirogues. En le comprenant, ainsi que les dépenses accessoires, le coût du frêt de la tonne kilométrique par les lagunes est de 0 fr. 30 à 0 fr. 35.

Les bandes de terre qui, en plusieurs points, séparent les lagunes rendent actuellement les transports difficiles et coûteux. Des travaux d'une faible importance suffiraient pour faire communiquer toutes les lagunes entre elles, ainsi que pour les approfondir dans certaines parties et les débarrasser de la végétation palustre qui les encombre. Des propositions tendant à ce but ont déjà été adressées au gouvernement hova, mais elles n'ont pas abouti. Ce travail sera sans doute exécuté tôt ou tard. Soit en conservant le mode de propulsion actuel des pagaies pour les pirogues, soit en employant des chaloupes à vapeur, afin d'en remorquer un grand nombre à la fois, il permettrait de supprimer les déchargements, qui occasionnent une grande perte de temps, et les nouveaux arrimages, qui, exécutés par des mains inexpérimentées, sont une cause fréquente d'avaries. On aurait ainsi, le long de la côte Est, une voie commerciale sûre, économique et d'une grande utilité pour les industriels, les négociants et les planteurs de cette région.

ROUTES

Les routes qui sillonnent l'île de Madagascar sont en général très défectueuses. Partout, excepté dans l'Imerina, elles ne sont que des sentiers, des pistes plus fréquemment parcourues que le terrain environnant et où l'herbe est plus rare. Elles suivent tous les reliefs du sol, font de nombreux détours, sont encombrées d'obstacles et souvent interrompues par des cours d'eau ou des marais. Les différences, au point de vue de la commodité des routes, viennent presque toujours de la nature des terrains qu'elles traversent et rarement des travaux qu'on a faits pour les construire.

Les voies de communication par terre présent donc des caractères variables suivant les régions.

Sur la cote, la route, reliant entre eux les villages, longe la bande de sable qui sépare la mer des lagunes ; le terrain étant naturellement plat, le sentier est bon, excepté lorsqu'il coupe les petits bois assez fréquents dans cette région ; là, les branches qui s'étendent horizontalement à une faible hauteur, ainsi que les arbres morts qui sont tombés, et au-dessus ou au-dessous desquels il faut passer, rendent la marche pénible. Ce sont des obstacles qu'il serait aisé de faire disparaitre. D'autres difficultés viennent des cours d'eau et des marais, souvent assez longs, qu'on ne peut traverser qu'à gué, parce qu'ils n'ont pas assez de fond pour qu'on y navigue avec des pirogues. Quelques-uns de ces marais sont à sec une partie de l'année, d'autres subsistent pendant toutes les saisons.

Dans la région des dunes d'origine moderne, le sentier fait de nombreux détours, mais ne présente pas de difficultés sérieuses.

Lorsqu'on arrive aux premiers contreforts des montagnes, les chemins deviennent plus mauvais ; les montées et les descentes se succèdent sans interruption. Ces rampes, dont le sol formé d'une argile rougeâtre est rendu boueux et glissant aussitôt qu'il tombe de l'eau, sont pénibles à franchir ; pour faciliter la marche, les indigènes ont l'habitude d'y tailler des gradins ; à cet effet, la sagaie sur laquelle les porteurs s'appuient en marchant porte, à l'extrémité opposée à la pointe, un fer aplati qui leur sert à les faire.

C'est à la traversée des chaines de montagnes parallèles à la côte et particulièrement dans la zone forestière que les chemins présentent le plus de difficultés. En certains points, des tranchées profondes de plusieurs mètres ont été creusées dans le sol ; elles sont tortueuses et étroites ; le fond en est raviné par les eaux ou rempli d'une boue épaisse, quand celles-ci n'ont pas d'écoulement ; ces couloirs, qui s'approfondissent continuellement par le passage des hommes et des animaux et dont les parois s'éboulent à la saison des pluies, deviennent quelquefois impraticables ; alors, on en creuse d'autres qui sont bientôt dans le même état. Par leur faible largeur, qui souvent n'atteint pas un mètre, ils rendent malaisé le transport des objets un peu volumineux, même sur les routes les plus fréquentées, comme celle de Tamatave à Tananarive.

Les ruisseaux et les rivières, affectant le plus souvent une allure torrentueuse, sont nombreux et se passent à gué ou avec des pirogues, suivant leur profondeur ; quand ils sont étroits, des troncs d'arbres jetés en travers relient les deux rives. Quelquefois il n'existe pas d'autre sentier sur une certaine longueur que le lit même du ruisseau.

Dans le centre, notamment aux environs de la capitale, les chemins sont plats et assez bons. Quelques-uns pourraient même, sur une certaine longueur, être suivis par des véhicules. Toutefois, ils sont interrompus par des vallées, occupées généralement par des rizières, et qu'on traverse en suivant les étroites levées de terre limitant les terrasses étagées.

A l'intérieur de Tananarive, les voies de communication n'offrent pas plus de commodité pour les transports. La rue principale présente des pentes d'une grande raideur et, en plusieurs points, le granite, qui compose l'ossature de la montagne sur laquelle la ville est bâtie, est à nu avec sa forme naturelle. Les autres rues sont étroites, tortueuses, coupées par de grossiers escaliers taillés dans la roche et ont leur sol profondément raviné par les eaux pluviales. Il est presque impossible d'y marcher avec des chaussures.

Dans les environs de Diego-Suarez, quelques routes ont été construites depuis l'occupation du pays par les Français; la principale va de Diego à la baie du Courrier et a une longueur de 6 kilomètres.

MOYENS DE TRANSPORT

Voyageurs

Les routes de Madagascar ne se prêtent pas à la circulation des véhicules à roues ; les voitures ne sont employées que d'une façon exceptionnelle, sur la côte, pour le service et dans le voisinage de quelques plantations.

Les animaux ne sont pas davantage utilisés, quoiqu'ils puissent l'être; dans quelques parties de l'île seulement, les indigènes se servent comme montures de bœufs auxquels ils coupent la queue, les oreilles et les cornes. En général, les marchandises et les voyageurs sont transportés par des hommes.

Pour les voyageurs, on emploie le *filan-*

jana (1). Il se compose de deux brancards en bois de 3^m,20 de longueur et de 0^m,05 d'équarrissage, reliés à 0^m,90 de l'avant et à 1^m,30 de l'arrière par des traverses en fer rond, attachées au bois par des rivets; une armature en fer, placée dans la partie médiane, soutient une forte toile qui forme un siège avec dossier; l'étoffe se replie au-dessous et va se fixer, par une cordelette ou des courroies, à la traverse d'arrière. Une barre de bois tenue par deux courroies sert d'étrier pour reposer les pieds. — A l'usage des dames, certains filanjana sont formés d'un panier rectangulaire peu profond attaché entre deux bambous. La voyageuse est obligée de tenir les jambes horizontalement, dans une position très incommode.

Un filanjana coûte 12 fr. 50 à Tananarive, centre de la fabrication, et 20 fr. à Tamatave.

Ces instruments sont souvent d'une fabrication défectueuse et ne résistent pas longtemps. Les parties faibles sont ordinairement les traverses en fer.

Quatre hommes, deux à l'avant et deux à l'arrière, soutiennent le filanjana. Ceux des extrémités ont chacun un brancard sur la même épaule et marchent, deux à deux, au même

---

(1) Mot dérivé de *lanja*, action de porter sur les épaules.

pas, en maintenant le brancard avec la main. Le porteur dont le bras est libre du côté intérieur saisit le poignet de son compagnon en lui passant le bras sous le coude. — A des intervalles assez réguliers, de 150 à 200 pas, les porteurs changent les brancards d'épaule en les faisant passer par-dessus leur tête. — Pour une course un peu longue, par exemple pour voyager toute la journée, on emmène huit porteurs qui se relaient même en courant.

Sur un terrain plat et au pas, les porteurs de filanjana parcourent environ 5 kilomètres 500 à l'heure. Avec huit porteurs, on peut faire 45 à 60 kilomètres par jour sur les sentiers frayés.

Pour les trajets déterminés à l'avance, les porteurs s'engagent à forfait. En 1889, le voyageur voulant aller de Tamatave à Tananarive — et *monter* à la capitale, suivant l'expression consacrée — devait payer à chaque porteur un salaire de 17 fr. 50. Pour le trajet en sens contraire, de Tananarive à la côte, il devait payer 12 fr. 50. — Il est d'usage, au milieu de la course du matin, de donner aux porteurs du manioc qu'on trouve cuit dans tous les villages de la route, et de leur acheter de la viande une ou deux fois pendant le voyage. Celui-ci peut se faire aisément en six jours.

Sur le salaire total, une somme de 2 fr. 50

est considérée comme représentant le prix de la nourriture pendant le trajet ; cette somme, — le *vatsy*, — est payée au moment du départ ou le lendemain. Le reste est versé aux porteurs à l'arrivée.

Le passage des rivières en pirogues est à la charge des voyageurs, ainsi que son logement dans les cases indigènes. Les porteurs se logent à leurs frais.

Pour les trajets dont l'itinéraire varie au gré du voyageur, les porteurs de filanjana, si leur engagement doit durer un certain temps, reçoivent 0 fr. 70 à 0 fr. 80 par jour, plus 0 fr. 20 à 0 fr. 30 pour la nourriture, suivant la valeur du riz dans la région traversée. La seconde partie du prix est payée quotidiennement, la première à la fin du voyage. — Dans ces conditions, les hommes fournissent des courses moins longues que si le voyage ne dure que peu de jours.

Marchandises

Le coltinage est le seul mode de transport usité pour les marchandises qui voyagent par terre dans l'intérieur de l'île. Il se fait au moyen d'un bâton placé sur l'épaule des porteurs et auquel les paquets sont solidement attachés par des cordes, pour empêcher tout glissement ou tout balancement.

Ce bâton, nommé *bao*, est généralement une tige de bambou, bois léger et résistant. Sa longueur varie suivant que le porteur a une charge indépendante ou que plusieurs se réunissent pour porter un même colis. Dans le premier cas, il est d'environ 1^m,50, dans le second de 2^m,50 ou plus. Le bambou est choisi d'un fort diamètre, ordinairement de 0^m,12 à 0^m,15. Dans la partie reposant sur l'épaule, le bois est soigneusement poli et les nœuds saillants sont brûlés au moyen d'un fer rouge. Malgré ces précautions, et bien qu'ils s'oignent les épaules de graisse, les porteurs se blessent souvent. De plus, l'usage du bao leur occasionne une déformation professionnelle consistant en une loupe ou une bourse séreuse plus ou moins épaisse ; quelquefois même, les deux loupes arrivent à se rejoindre derrière la tête.

Lorsque la charge est divisible, les porteurs la partagent en deux paquets qui sont attachés à chacune des extrémités du bao de façon à s'équilibrer. C'est leur mode de chargement préféré. Ils marchent alors en s'appuyant sur une sagaie, dont j'ai indiqué précédemment l'usage. Le long de la route sont creusés des trous au fond desquels ils accèdent par une pente douce ; ces trous sont assez étroits pour que les deux paquets puissent, à leur sommet, se poser sur la route elle-même. Au départ, le porteur n'a pas ainsi d'efforts à faire pour soulever son fardeau.

Quand la charge est indivisible, on réunit celle de deux hommes et on attache le tout au milieu d'un long bambou porté à chaque extrémité. Pour les objets très lourds ou d'une forme encombrante, on emploie plusieurs bambous soutenus chacun par deux hommes. Le nombre des porteurs nécessaires, et, par suite, le prix du transport, augmente plus vite que le poids, parce qu'ils se gênent réciproquement. Dans l'état actuel des chemins, il est même absolument impossible de transporter des objets dépassant un certain poids. Ainsi, pendant mon séjour, le Comptoir d'Escompte avait envoyé pour sa succursale de Tananarive un grand coffre-fort en fer; malgré plusieurs tentatives, on ne put jamais le porter au-delà de la région côtière ; force fut donc de le ramener à Tamatave et de faire venir pour Tananarive une caisse démontable.

La charge des porteurs varie en raison inverse de la vitesse exigée. Ceux qui, accompagnant les voyageurs, parcourent de 50 à 60 kilomètres par jour et vont en six étapes de Tamatave à Tananarive, ne doivent pas être chargés de plus de 25 à 30 kilogrammes. Ceux qui transportent des marchandises proprement dites et font le même trajet en un temps variant entre dix et vingt-cinq jours, sont chargés de 45 à 50 kilogrammes. C'est le fardeau habituel des nombreux porteurs qui descendent de Tananarive à Tamatave avec quatre peaux de bœuf séchées. — J'en ai rencontré quelquefois chargés de 80 kilogrammes, mais ce cas est tout à fait exceptionnel.

Les porteurs de marchandises voyagent généralement par troupes sous la conduite d'un *commandeur* qui les recrute pour les commerçants et qui est plus ou moins responsable du convoi. Les colis sont souvent soumis à des retards provenant de l'arrêt des porteurs. Quand la pluie grossit les rivières, rend les sentiers trop glissants ou mouille la marchandise en augmentant son poids, ils attendent dans un village le retour du beau temps; quelquefois ils y ont fait des dépenses dépassant leurs moyens et les habitants ne veulent pas les laisser partir. Si aucun de ces accidents ne survient, le trajet de Tamatave à Tananarive s'effectue en douze jours environ.

Les bao et les cordes servant à attacher les

paquets sont aux frais des porteurs, ainsi que les enveloppes en feuilles de vacoa (1) dont ils font usage pour les protéger contre l'humidité. Les autres emballages sont fournis par l'expéditeur.

Afin d'éviter les avaries provenant de la pluie, de la chute des colis dans les rivières ou simplement de l'eau qui emplit presque toujours le fond des pirogues, il est indispensable de placer dans des caisses étanches, doublées de zinc ou de fer blanc, les marchandises susceptibles de se détériorer par l'humidité.

Le prix payé aux porteurs de marchandises pour le trajet de Tamatave à Tananarive est à peu près le même que celui donné aux porteurs de filanjana. En tenant compte des différences pour la montée et la descente et des variations qui résultent de l'abondance ou de la rareté des demandes, il est en moyenne de 15 fr., compris 2 fr. 50 de vatsy. Avec cette dernière somme, versée le jour du départ, les hommes se nourrissent, se logent et paient, s'il y a lieu, les passages de rivières en pirogue. Le reste leur est donné à l'arrivée.

Quand les porteurs de marchandises sont engagés à temps et non pour un trajet déterminé,

---

(1) *Pandanus utilis.*

ils reçoivent un salaire quotidien de 0 fr. 90 à 1 fr. 10, y compris la somme représentant la nourriture. Quelquefois, si la route présente des difficultés particulières, ils exigent davantage, par exemple pour aller de Tananarive à Mojanga, parce que le sol caillouteux des régions traversées rend la marche fatigante et occasionne des blessures aux pieds.

Dans l'Imerina, on éprouve souvent de sérieuses difficultés pour former des convois destinés aux parties de l'île non soumises aux Hova. Y étant traités en ennemis, ceux-ci ne veulent pas s'y aventurer. L'Européen ne peut donc qu'avec beaucoup de peine aller commercer dans certaines tribus, bien que, en général, il n'y soit personnellement pas mal reçu. Dans ce cas, le mieux est de changer de porteurs et, quand on arrive dans un pays indépendant, d'en prendre dans le pays même.

Parfois les porteurs reçoivent en secret du gouvernement hova la consigne de ne pas accompagner un étranger en certains lieux que, dans un but quelconque, on tient à lui cacher. Le voyageur pourra, s'il le veut, y aller seul, mais ni les offres ni les menaces ne décideront un porteur à le suivre; dans ces conditions, il renonce le plus souvent à son projet.

C'est donc sur les porteurs, dont un étranger

peut difficilement se passer, et non sur l'étranger lui-même, que le gouvernement agit quand il a des raisons de le faire. On cite le cas d'un commerçant américain qui, ayant eu des démêlés avec le premier ministre, fut ainsi, d'une manière indirecte, exilé de la capitale et du pays : ses affaires l'ayant appelé à Tamatave, il y resta plusieurs mois sans qu'aucun porteur consentit à le ramener à Tananarive; de guerre las, il quitta Madagascar.

Route de Tamatave à Tananarive.

La route de Tamatave à la capitale étant la plus fréquentée de Madagascar et la plus importante au point de vue commercial, je vais parler avec quelques détails des transports qui s'y font actuellement.

En admettant que, suivant les données précédentes, chaque homme soit payé en moyenne 15 fr. pour son voyage avec une charge de 40 kilogrammes, le prix du transport de la tonne sera de 375 fr., ce qui élève celui de la tonne kilométrique à 1 fr. 25.

En réalité, ce prix est beaucoup plus élevé à cause des emballages coûteux par eux-mêmes, plus coûteux encore par suite de la division des charges, et qui représentent un poids mort important relativement au poids utile. De plus, certaines marchandises ne se prêtant à aucun fractionnement occasionnent des dépenses exagérées et donnent lieu parfois, ainsi que je l'ai dit, à de grandes difficultés. Enfin, la fréquence des pluies dans les zones forestières, le passage des rivières, les chutes dans la boue des marais sont des causes d'avaries. En tenant compte de tous ces éléments, qui ont plus ou moins de valeur suivant la nature des objets, on arriverait à un chiffre compris entre 500 et 600 fr. pour la tonne utilement transportée.

Le chiffre même de 375 fr. représente six fois et demie le prix du frêt d'une tonne de marchandises de Marseille à Tamatave, suivant le tarif des Messageries maritimes. Il est huit fois plus élevé que celui du transport de la tonne pour une même distance de 300 kilomètres sur le chemin de fer Paris-Lyon-Méditerranée, d'après le tarif le plus haut de la petite vitesse.

Il est impossible de connaitre exactement l'importance du trafic actuel entre Tamatave et Tananarive. Pour l'évaluer, il faudrait faire des comptages sur un point bien choisi de la route. Quelques personnes ont essayé de se baser sur le nombre et le chargement des pirogues qui partent chaque jour de Maromby ou qui y arrivent, et qui transportent les marchandises entre ce village et Andovoranto, en suivant l'Iaroka et un des affluents de ce fleuve. Ce point ne me parait pas bien choisi, parce que certains porteurs — pour n'avoir pas à payer le prix de ce trajet de trois ou quatre heures en pirogue — passent simplement l'Iaroka à Andovoranto et traversent ensuite, malgré mille difficultés, le marais de Tanimandry. A mon avis, le point le plus favorable serait Andakana, au passage du Mangoro ; là, pas d'omission possible ; en effet, le plus proche dépôt de pirogues pour la traversée du fleuve se trouve à deux journées de marche vers le Sud. Ces comptages devraient être continués pendant une année au moins, parce que, suivant les saisons et les arrivages de bateaux à Tamatave, le mouvement des marchandises est plus ou moins grand. Par exemple, pendant l'hivernage, il est plus faible, la durée du voyage étant allongée par le mauvais état des chemins et les envois non urgents étant remis au beau temps pour éviter les avaries causées par l'humidité. Au mois de Novembre, à l'époque du *fandroana* (1), le trafic se ralentit aussi, parce

(1) Fête nationale des Hova.

que les porteurs veulent se trouver à Tananarive pendant la fête.

Malgré tout, on peut évaluer approximativement ce trafic. D'après les commerçants depuis longtemps établis dans le pays et mes propres observations, 150 porteurs environ arrivent chaque jour à Tamatave et autant à Tananarive; chacun étant chargé de 40 kilogrammes, on obtient 6 000 kilogrammes par jour ou 2 200 tonnes par an à la descente et autant à la montée; en tout 4400 tonnes.

Le nombre des porteurs étant d'environ 7 000 et la durée du voyage étant supposée de 12 jours, le lieutenant-colonel Rocard estime à 5 000 ou 6 000 tonnes le mouvement annuel possible et à 8 000 ou 9 000 kilogrammes par jour le mouvement actuel (1).

M. Cortesse, ingénieur italien, qui s'est rendu à Madagascar en 1887, pour étudier l'établissement de lignes de chemins de fer, arrive à des chiffres supérieurs. Il estime qu'entre Tamatave et Tananarive, le trafic est de 25 tonnes par jour, soit annuellement 9 125 tonnes. —

---

(1) Dans le rapport du lieutenant-colonel Rocard *(Journal officiel*, 20 janvier 1889), tout le passage relatif aux transports a des chiffres évidemment défigurés par des fautes d'impression. Je les ai rétablis d'après les bases du calcul.

Entre Tamatave et Andovoranto, en tenan compte des produits qui viennent du Sud ou qui y sont expédiés, le trafic annuel serait, selon lui, de 12 000 à 13 000 tonnes. — Ces chiffres me paraissent fortement exagérés.

Si l'on prend, mais sans y attacher une trop grande importance, le nombre de 150 comme celui des porteurs arrivant journellement aux points extrêmes, et si l'on admet que chacun reçoit en moyenne 15 fr. pour son voyage, on voit que, pour le transport des marchandises, les commerçants paient 4 500 fr. par jour ou 1 642 500 fr. par an. En rapprochant ce chiffre de celui de 6 millions de francs environ auquel s'élève le commerce de Tamatave, on voit combien il est considérable.

Afin de diminuer les frais sans modifier le mode de transport actuel, il semble qu'on pourrait raccourcir le trajet en allant directement de Tamatave à Tananarive au lieu de faire un crochet par Andovoranto. Une route suit cette direction le long de la vallée de l'Ivondro : c'est le *chemin de Radama* (1). D'après une opinion que j'ai plusieurs fois recueillie des commerçants de Tananarive, cette route était bien meilleure que l'autre, à tel point que les

(1) Radama I, successeur d'Andrianampoinimerina, a régné de 1810 à 1828.

Hova, pour l'empêcher de servir à une armée d'invasion, la cachaient aux Français et défendaient d'y passer. Le docteur Catat, chef de la mission scientifique dont je faisais partie, l'a suivie au mois d'Août 1889, après avoir obtenu du premier ministre Rainilaiarivony l'autorisation nécessaire; il a trouvé des escarpements aussi raides que sur la route ordinaire, passé des journées entières à traverser des marais et rencontré de sérieuses difficultés pour nourrir ses hommes, à cause de l'éloignement et de la pauvreté des villages. Cette question méritait d'être éclaircie; mais on comprend sans peine qu'entre Tamatave, au niveau de la mer, et Tananarive, à 1 400 mètres d'altitude, ne saurait exister un chemin naturel bien commode, quand on voit que, dans la région intermédiaire, les reliefs du sol sont sensiblement parallèles à la côte et que la nature du terrain varie peu. Du système orographique de l'ile et de sa constitution géologique résultent, au point de vue des transports, certains inconvénients qui doivent se rencontrer aussi bien en allant de l'Imerina à la côte orientale par la perpendiculaire que par l'oblique. Le profil de la route actuelle (1) n'est pas seulement une

(1) Ce profil, que j'ai relevé en allant de Tamatave à Tananarive au mois de Mars 1889, a été tracé d'après un

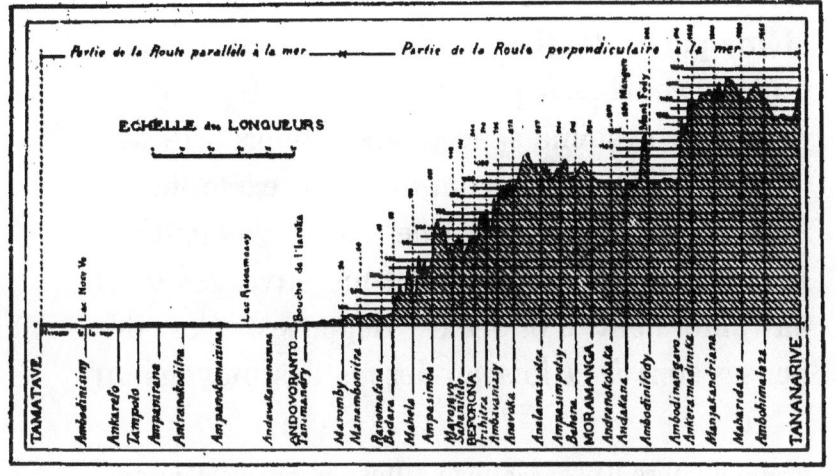

PROFIL DE LA ROUTE DE TAMATAVE A TANANARIVE

représentation des accidents du sol suivant une ligne déterminée ; il donne aussi une idée de la forme générale du terrain dans toute la région.

Il a été souvent question de l'établissement d'une voie ferrée conduisant à la capitale. Les difficultés techniques de la construction seraient considérables; néanmoins elles ne seraient rien auprès des difficultés financières. Même par l'adoption d'une voie étroite permettant les courbes à petit rayon, même par l'emploi d'un système spécialement approprié aux pays montagneux, comme, par exemple, le mono-rail Lartigue ou une voie à crémaillère, le mouvement des terres et les ouvrages d'art entraîneraient d'énormes dépenses. Ces dépenses sont à la fois au-dessus des moyens du

---

grand nombre d'observations faites au moyen d'un anéroïde Naudet. L'instrument, dont la marche avait été déterminée au Bureau central météorologique de France, a été comparé, avant le départ de Tamatave, avec le baromètre à mercure de la mission catholique. Dans les calculs altimétriques, il a été tenu compte de l'erreur instrumentale du baromètre employé aux stations supérieures, de l'écart entre les deux baromètres, des pressions observées au niveau de la mer, des températures aux deux stations et de la correction relative à la latitude.

La cote terminale se rapporte au point le plus élevé de Tananarive. Les rizières qui s'étendent au pied de la colline sur laquelle est bâtie la capitale sont à l'altitude de 1270 mètres environ.

gouvernement hova et de nature à faire reculer une société financière, qui craindra d'entreprendre une ligne nécessitant de si grands frais de construction pour un trafic probable aussi faible.

La concession a, du reste, déjà été donnée voici quelques années à une société italienne, et, comme je l'ai dit, M. Cortesse a été étudier la question sur place. Bien qu'ayant trouvé pour le trafic des chiffres beaucoup plus élevés que les miens, il n'en résume pas moins ainsi son opinion (1).

« Il trafico della costa orientale dell' isola non e tale da consigliare la costruzione di una ferrovia, per quanto di tipo economico. La stessa ragione, unita alle difficoltà topografiche del suolo, faceva riconoscere assurda l'idea di farne una, che conducesse alla capitale. »

Jusqu'à présent, aucune suite n'a donc été donnée au projet par les concessionnaires.

Selon moi, un chemin de fer ne pouvant être construit que dans un avenir éloigné, il faut, pour le moment, une solution plus économique. La meilleure serait de partir du tracé

---

(1) Sei mesi in Madagascar.— *Bollettino della Societa Geografica italiana*, fascicolo IX, Settembre 1888.

actuel de la route et de mettre celle-ci en bon état : en rectifiant le chemin sur les plateaux et en lui faisant décrire certaines courbes sur les flancs des montagnes, en élevant quelques remblais et en ouvrant des tranchées pour élargir les couloirs étroits de la zone forestière, en comblant les fondrières et en donnant de l'écoulement aux eaux pluviales, en construisant des ponts légers sur certaines rivières et en établissant des bacs, pour remplacer les pirogues, sur les cours d'eau plus importants, en arrachant enfin les arbres et les rochers qui gênent le passage, on diminuerait sensiblement les fatigues des porteurs et on réduirait, par suite, le prix du transport. De plus, on pourrait, sur la route ainsi améliorée, faire circuler des attelages de bœufs ou, au moins, des mulets ou des ânes portant des paquets. L'âne surtout rendrait de grands services : son prix d'achat est peu élevé, il est fort relativement à sa taille et il a des habitudes rustiques qui lui permettent de se passer d'une nourriture choisie.

Une telle route serait établie à peu de frais par le gouvernement hova. La corvée ou *fanompoana* (1) est en usage dans le pays : cha-

(1) Mot dérivé du verbe *manompo*, servir, qui vient lui-même du substantif *tompo*, maître.

cun est tenu de travailler pour le souverain pendant un temps indéterminé et sans aucun salaire. On ne saurait mieux utiliser et justifier cette institution qu'en la faisant servir à la création de voies de transport favorisant le commerce et facilitant la mise en valeur des richesses naturelles de Madagascar.

Ces observations s'appliquent non seulement à la route de Tananarive, mais aux autres routes, puisque toutes sont dans un état aussi rudimentaire. Et si, pour ce cas spécial, on construisait un chemin de fer, les chemins d'accès n'en seraient pas moins indispensables, car une voie ferrée ne possède une véritable puissance et un champ d'action étendu que si des voies secondaires viennent y aboutir, de façon à drainer pour elle les produits du pays et à permettre de répandre ceux qu'elle amène du dehors.

POSTES ET TÉLÉGRAPHES

Postes

Les communications postales avec l'extérieur se font par les bâtiments des Messageries maritimes qui s'arrêtent deux fois par mois à Tamatave, le 7 ou le 8 et le 26. Chaque bateau reçoit les correspondances pour la France et dépose celles qui en sont originaires. Si, par exemple, celles-ci, viennent directement de Marseille, les autres y parviendront par la Réunion et Mahé où les prendra, au retour, le paquebot d'Australie.

Les bateaux des Messageries maritimes s'arrêtent à Nosy-Be le 4 et le 30 de chaque mois. Dans l'intervalle, le *Mpanjaka*, qui dessert la côte Ouest de Madagascar, effectue son voyage mensuel d'aller et retour entre cette colonie et Nosy-Ve où il arrive le 15 et d'où il repart le 19 ; il se charge des correspondances de cette localité et des escales intermédiaires (Morotsangana, Mojanga, Maintirano et Morondava).

A l'intérieur, le nombre des lignes postales est encore assez restreint. Voici celles qui fonctionnent actuellement avec la marche des courriers :

De Tamatave à Tananarive. — Aller : départ le 8 et le 26 de chaque mois, après l'arrivée du paquebot-poste, et le samedi de chaque semaine. Retour : départ le 1er et le 22, pour correspondre avec le bateau des Messageries maritimes, et chaque samedi ; en outre un courrier rapide, portant seulement des lettres, est expédié de Tananarive le 3.

De Tamatave à Mananjary. — Aller (correspondances pour Ivondro, Andovoranto, Vatomandry, Mahanoro, Mahela) : départ chaque samedi ; un courrier supplémentaire est envoyé après l'arrivée du paquebot, si elle a lieu du samedi au mardi soir. Retour : départ de Mananjary le samedi matin.

De Tamatave à Fenoarivo. — Aller : départ le 11 et le 28. Retour : le 2 et le 15.

De Tananarive à Mojanga. — Aller : départ le 26. Retour : départ de Mojanga le 24, après l'arrivée du *Mpanjaka* venant de Nosy-Ve.

De Tananarive à Fianarantsoa. — Aller : départ le 4 et le 15. Retour : le 12 et le 24.

De Fianarantsoa à Mananjary. — Départ chaque samedi dans les deux sens.

De Vohimarina à Diego-Suarez. — Aller : départ le 22. Retour le 5.

La plus chargée de ces lignes est la première qui relie la capitale à Tamatave et à l'étranger. Le transport des correspondances s'effectue ordinairement en cinq jours, mais, pendant la saison des pluies, il est quelquefois plus long. Le courrier est dirigé par un *tsimandoa* (1) qui,

(1) Les *tsimandoa* sont des messagers du gouvernement hova entre la capitale et les provinces. Leur nom *(tsy,* non ; *mandoa,* payant) vient de ce qu'ils possèdent le privilège d'être nourris et logés gratuitement dans les localités qu'ils traversent.

pour porter les paquets, réquisitionne des hommes dans les villages de la route.

Le service postal, placé sous l'autorité du Résident général, est fait, suivant les points, par des agents de l'administration française des postes et télégraphes, par le personnel des Résidences, par les représentants du Comptoir national d'Escompte, par des fonctionnaires hova, ou, enfin, par des particuliers.

Tamatave, Tananarive, Mojanga, Nosy-Ve et Fianarantsoa possèdent des bureaux de plein exercice ; des bureaux auxiliaires sont établis à Mananjary, Mahanoro, Vatomandry, Fenoarivo, Vohimarina, Maevatanana et Ambositra ; Ivondro, Andovoranto, Mahela, Sambava, Morotsangana, Morondava et Maintirano n'ont que des entrepôts.

Le bureau de Tamatave est le plus important du pays. Très bien organisé, il est dirigé par un employé de l'administration métropolitaine. Dans une salle spéciale sont des boîtes particulières pour les principaux commerçants de la ville et dont ils ont la clef. Ils peuvent donc prendre leurs lettres à mesure que le tri est opéré et y répondre immédiatement, le paquebot stationnant 15 à 20 heures à Tamatave.

Le bureau de Tananarive est installé dans les bâtiments de la Résidence générale ; il est tenu, sous la surveillance d'un receveur français, par un des élèves de l'école des interprètes.

Pour l'intérieur de Madagascar le tarif des lettres ordinaires est de 0 fr. 15 par 15 gramm. L'affranchissement des autres objets de correspondance est fixé à 0 fr. 05 par 100 grammes jusqu'à 2 kilogrammes, poids maximum. Les objets recommandés supportent une taxe supplémentaire de 0 fr. 25.

Pour la France et les pays de l'Union postale, les lettres sont taxées à 0 fr. 25 par 15 grammes, les imprimés, papiers d'affaires et échantillons à 0 fr. 05 par 50 grammes avec un poids maximum de 2 kilogrammes pour les deux premières catégories et de 300 grammes pour la troisième. Chaque objet recommandé est soumis à un affranchissement supplémentaire de 0 fr. 25.

D'une manière général, le service postal, créé par le Protectorat, fonctionne avec régularité et répond à tous les besoins actuels.

Télégraphes

Madagascar n'est pas encore relié au réseau télégraphique universel.

A l'intérieur, la seule ligne qui existe va de Tamatave à Tananarive ; elle longe à peu près le chemin habituel et ne s'en éloigne que pour éviter certains détours.

Sa longueur est d'environ 300 kilomètres. Le fil est attaché soit à des poteaux espacés de 80 mètres en moyenne, soit à des arbres vivants ou morts. A l'origine, un fil de fer a été employé comme conducteur, mais on a reconnu depuis qu'il se détériorait vite, principalement dans la région côtière entre Tamatave et Andovoranto ; à la fin de 1889, on l'a remplacé par un fil en bronze siliceux.

Les deux bureaux des extrémités de la ligne sont tenus par des employés français. Dans l'intervalle existe un bureau avec un employé indigène à Tanimandry, ville voisine d'Andovoranto et située de l'autre côté de l'Iaroka ; de plus, des postes de coupure ont été installés à Beforona, en 1889, et à Moramanga, en 1892.

En raison des conditions locales, la ligne télégraphique est fréquemment avariée ; elle est interrompue pendant des périodes longues et rapprochées. Tantôt le vent renverse un support, tantôt un arbre mort tombe sur le fil et le brise, tantôt la malveillance s'en mêle. Les stations intermédiaires sont trop distantes pour qu'on puisse savoir rapidement le point où l'accident s'est produit et, une fois qu'il est localisé, un temps assez long est nécessaire pour se rendre à l'endroit voulu et faire la réparation. Des inspecteurs indigènes, pris parmi les habitants des villages que la ligne traverse et n'ayant chacun qu'une petite portion du fil à surveiller ont déjà rendu des services. Les résultats obtenus par ce moyen s'augmenteront certainement quand le personnel, recruté un peu au hasard, sera mieux au courant.

Etablie pour le service du Protectorat, la ligne a été terminée en 1888. Elle devait être cédée au gouvernement hova à charge pour celui-ci de l'entretenir ; jusqu'à présent, aucune suite n'a été donnée à cet arrangement et, bien que le gouvernement de la reine possède la franchise télégraphique, il ne participe en rien aux dépenses ni de l'entretien ni du personnel.

Le télégraphe sert surtout à la corresponpance officielle de la Résidence générale avec la Résidence de Tamatave. Les correspondances privées sont encore rares entre les bureaux extrêmes et, pour ainsi dire, nulles aux bureaux intermédiaires. Les recettes mensuelles dépassent rarement 600 à 700 fr. Sans tenir aucun compte de l'intérêt ni de l'amortissement du capital engagé dans la construction, es dépenses sont certainement trois ou quatre fois plus élevées.

Entre Tamatave et Tananarive, le prix du mot

est fixé à 0 fr. 25 ; la taxe minimum perçue pour une dépêche s'élève à 2 fr. 50, somme correspondant à 10 mots. Les télégrammes en langage convenu, composés de mots ayant un sens intrinsèque, sont transmis suivant le même tarif que ceux rédigés en langage clair ; les télégrammes en langage secret, composés de groupes de lettres ou de chiffres, supportent une surtaxe de 2 fr. 50. Les télégrammes ayant une destination autre que la localité où se trouve le bureau d'arrivée peuvent y être envoyés, de ce bureau, par exprès ou par la poste ; dans le premier cas, il est perçu au bureau de départ des arrhes variables pour le salaire du porteur, et, dans le second, une somme fixe de 0 fr. 50 comme surtaxe.

CHAPITRE IV
DOUANES

Des postes de douane ont été établis par les Hova dans tous les ports des parties de l'île placées sous leur domination.

Les droits sont perçus tant à l'entrée qu'à la sortie des marchandises.

A l'importation, ils s'élèvent uniformément à 10 % *ad valorem* ; quelques marchandises seulement entrent en franchise. Les objets importés pour le compte du gouvernement hova et pour celui de la Résidence de France ne paient pas de droits.

L'introduction de certains articles est prohibée. Il en est ainsi des armes et des munitions de guerre, sauf pour le service de l'armée hova.

A l'exportation, les droits de douane sont aussi de 10 % de la valeur des marchandises non tarifées ; celles qui le sont, à la vérité, constituent à elles seules, la presque totalité des produits sortant de Madagascar. On en trouve la preuve dans le tableau suivant où sont indiquées les taxes perçues et les unités auxquelles elles s'appliquent :

TARIF DES DROITS DE DOUANE A L'EXPORTATION

DÉSIGNATION	UNITÉS	DROITS
Bœufs	par tête	15 fr. 00
Porcs	»	2. 50
Moutons et chèvres	»	1. 50
Oies, dindons, canards	par douzaine	3. 00
Volailles	»	0. 75
Cuirs salés	par 100 pièces	25. 00
Chapeaux de paille	»	2. 50
Rabanes	»	3. 00
Nattes	»	1. 50
Os	par 100 livres	0. 25
Poisson salé	»	1. 85
Suif	»	3. 00
Cire	»	10. 00
Caoutchouc	»	12. 00
Café	»	8. 00
Gomme copal	»	6. 00
Tabac	»	2. 50
Riz blanc	»	0. 75
Manioc	»	0. 25

En comparant ces droits à la valeur des quantités correspondantes de marchandises, par exemple à ce qu'elle est en moyenne à Tamatave, on voit que, pour les produits suivants, ils représentent :

    Gomme copal. . . .   4 0/0
    Suif. 4.8 0/0
    Caoutchouc 5.5 0/0
    Rabanes . . . . .   3 à 6 0/0
    Riz 7.5 0/0
    Cire 13 0/0

Ces chiffres peuvent un peu varier suivant les ports et les fluctuations du marché ; je ne les donne donc qu'à titre d'indication de la quotité des taxes appliquées aux diverses matières exportées.

Sur la côte Est, l'exportation des bois a été interdite pendant longtemps ; on tournait cette prohibition en fabriquant, avec les bois qu'on voulait expédier au dehors, des caisses remplies d'une marchandise quelconque. Toute restriction a cessé depuis que le gouvernement hova a accordé, à des particuliers ou à des sociétés, des concessions pour l'exploitation des forêts sur plusieurs points du littoral et particulièrement dans la région de la baie d'Antongil.

Les droits sont perçus par des officiers spéciaux ou directement par les gouverneurs dans les localités peu importantes. Dans les ports de Tamatave, Mananjary, Vatomandry, Vohimarina, Fenoarivo (1) et Mojanga, les opérations de la douane sont surveillées par des représentants du Comptoir national d'Escompte.

Le produit des douanes constitue, en effet, le gage presque unique d'un prêt que cet établissement de crédit a fait au gouvernement hova. Par le traité de 1885, celui-ci s'engageait à payer dix millions à la France, non à titre d'indemnité de guerre, mais comme règlement des réclamations antérieures au conflit et pour réparation des dommages causés aux particuliers français ou étrangers pendant les hostilités ; il emprunta ces dix millions, plus cinq millions dont il avait besoin, au Comptoir d'Escompte. La dette, produisant des intérêts à 6 0/0, était remboursable au moyen de 25 annuités, de 1 165 965 fr. payables par moitiés, en Juin et en Décembre, jusqu'en 1911, et le Comptoir d'Escompte était autorisé, pour la couvrir, à émettre des obligations, le gouvernement hova gardant

(1) Ces deux ports sont souvent appelés Vohemar et Fénérife ; j'ai préféré, en général, employer les noms malgaches ; je n'ai fait d'exception que pour Tamatave et Tananarive (*Toamasina* et *Antananarivo* en malgache) dont les noms ainsi francisés ont définitivement prévalu dans l'usage.

la faculté de rembourser au pair à une époque quelconque celles qui resteraient en circulation. Conformément à ces dispositions, le Comptoir national d'Escompte fit, en Décembre 1889, une émission de 28 279 obligations de 500 fr.

Pendant les premières années, les annuités furent payées régulièrement, en partie, on peut le croire, avec l'avance de cinq millions. Le produit des douanes, en effet, n'atteint pas 700 000 fr. et le gouvernement ne dispose pour parfaire le montant de l'annuité que de ressources insuffisantes ; en dehors des amendes et des confiscations dont il frappe les particuliers, il ne perçoit en temps ordinaire qu'une taxe de capitation très faible — 0 fr. 007 par tête et seulement dans une partie de l'île — et quelques impôts, notamment ceux sur les rizières concédées par la couronne (1) sur les bœufs tués pour la boucherie (2), sur la vente des esclaves (3), sur les actes d'adoption (4) et

---

(1) Cet impôt est de trois mesures de riz par *hetra* et par an. — Le hetra est un lot de terrain d'une superficie variable ; l'impôt n'est donc pas proportionnel : il représente de 3 à 7 0/0 de la récolte.
(2) La moitié de la culotte de chaque bœuf abattu. La viande est distribuée aux militaires.
(3) 2 fr. 50 par esclave conduit au marché. — Correspondance du *Temps*, 27 Juillet 1892.
(4) 5 fr. par acte. — Idem.

de divorce (1), sur la location d'immeubles (2). Le montant de celles de ces redevances qui ne sont pas acquittées en nature arrive tout au plus à 200 000 fr. Il faut ajouter à ces ressources la part que le gouvernement se réserve dans le produit des concessions qu'il accorde et le bénéfice qu'il tire des mines d'or exploitées directement par lui ; l'une et l'autre ne sont pas considérables.

Dans ces conditions le gouvernement hova, qui a fait des dépenses importantes pour l'armement des troupes, s'est bientôt trouvé à court d'argent. Les fonds nécessaires au paiement des annuités de 1892 n'ont été réunis qu'avec beaucoup de peine et qu'après de longs retards ; pour se les procurer, il a dû établir un impôt extraordinaire de capitation dont la perception a donné lieu à de grandes difficultés, surtout dans les provinces.

Les embarras financiers dans lesquels se trouve actuellement le gouvernement hova ne pourront que s'aggraver dans l'avenir ; aussi le Comptoir national d'Escompte a-t-il le plus grand intérêt à surveiller les douanes dont le produit est le gage le plus sérieux de l'emprunt ;

---

(1) 165 fr. par acte. — Idem.
(2) 5 0/0 de la valeur locative si le preneur est un Hova ; 12 0/0 s'il est étranger.

ainsi s'explique le contrôle exercé par ses agents.

Bien qu'ils ne s'occupent pas du détail des perceptions dans les six ports que j'ai cités, les opérations de la douane s'y accomplissent à peu près régulièrement, Partout ailleurs, les fraudes sont nombreuses et se produisent aussi bien au détriment du trésor hova que des commerçants étrangers. Elles s'expliquent facilement : les officiers chargés du service des douanes ne reçoivent du gouvernement aucun traitement; de plus, ils font souvent du commerce pour leur propre compte. Comme ils sont d'autant mieux notés dans la capitale que le produit de leur caisse est plus élevé, ils ont intérêt à favoriser l'embarquement et le débarquement des marchandises dans leur circonscription ; ils y arrivent par des rabais sur la taxe officielle. Grâce à cette concurrence, les commerçants qui exportent des bœufs à Maurice et à la Réunion parviennent à ne payer que la moitié ou le tiers des droits. Les gouverneurs ne dédaignent pas non plus les cadeaux et n'examinent alors que d'une façon superficielle la nature et la valeur des marchandises soumises à leur inspection. D'autres fois, ils sont intéressés dans une entreprise commerciale et cherchent à éloigner leurs rivaux par des vexations, auxquelles les

Européens ont de la peine à se soustraire, lorsqu'ils se trouvent loin des Résidences et des consulats.

Dans quelques ports et pour certaines marchandises, le droit de 10 0/0 peut se payer en nature. Le principal inconvénient de ce système est que les marchandises entrant ainsi dans les magasins des Hova sont généralement vendues à vil prix, ce qui abaisse les cours. Ce mode de perception tend d'ailleurs à disparaitre.

On ne connait pas exactement le total des recettes douanières effectuées par le gouvernement. A cause des nombreuses fraudes, la somme encaissée à Tananarive est très inférieure à celle effectivement perçue et celle-ci ne correspond pas, d'après le tarif, aux quantités de marchandises réellement exportées ou importées. Le chiffre, même s'il était connu, n'aurait donc pas grand intérêt pour nous.

On n'a de renseignements dignes de foi que pour les six ports où les douanes sont contrôlées par les agents français. D'après un relevé publié au moment de l'émission publique de l'emprunt de quinze millions, les recettes se seraient élevées, en 1888, au total de 617 528 fr. 28. D'autre part, suivant un rapport émanant du ministère des Affaires Étrangères (1), le com-

(1) *Journal officiel*. — 6 et 7 Novembre 1889.

merce général de ces ports aurait été pendant la même année de 8 772 721 fr.

On remarquera que le produit des douanes n'est pas égal, comme beaucoup pensent qu'il devrait l'être, au dixième du montant du commerce général. La différence assez considérable, environ 260 000 fr. pour 1888, vient de ce que, à l'exportation, ainsi que l'a montré le tableau donné précédemment, les droits ne s'élèvent pas à 10 0/0 sur toutes la marchandises.

CHAPITRE V

COMMERCE

Commerce intérieur et extérieur

Le commerce de Madagascar, tant entre les différentes parties de l'île qu'avec l'étranger, n'a pas actuellement une importance en rapport avec les ressources du pays, la superficie de son territoire et le nombre de ses habitants. Il est facile de se rendre compte des raisons qui, jusqu'à présent, en ont empêché le développement.

Pour le commerce intérieur, on les trouverait dans l'état social des différentes peuplades de l'île. Restées longtemps isolées les unes des autres, absorbées par des guerres continuelles entre elles et avec les Hova, elles se sont arrêtées à un degré de civilisation peu avancé. Durant des siècles, elles n'ont connu que des besoins aisés à satisfaire sans beaucoup de travail, surtout dans les régions où la température est élevée et le terrain fertile. Les populations indépendantes, parmi lesquelles figurent celles du Sud et de l'Ouest, continuent à rencontrer ces obstacles. Quant aux tribus soumises, elles ont été ruinées par le vainqueur et sont maintenues par lui dans la dépendance et la pauvreté.

Les Hova se trouvent dans d'autres conditions : appartenant à une race différente, doués d'une intelligence supérieure, ils possèdent une certaine organisation politique et militaire ; même avant d'avoir étendu leur domination sur une grande partie de Madagascar, ils ont été assez puissants pour n'avoir rien à redouter de leurs voisins. D'un autre côté, ils ont dû beaucoup travailler pour arriver à vivre dans une certaine abondance sur le sol ingrat et stérile de l'Imerina. L'agriculture s'est donc perfectionnée et, avec elle quelques métiers. Le commerce a pu aussi, chez les Hova arriver à être assez actif, tandis qu'il restait à l'état rudimentaire chez les autres habitants de l'île. Ces différences viennent uniquement de circonstances qui sont, au moins en grande partie, modifiables ; quand on examine la variété des productions qui résulte de la variété des terrains et des climats, on acquiert la certitude de voir naître un jour entre les diverses provinces d'intenses courants d'échange.

Pour s'expliquer la faible importance actuelle du trafic extérieur, il suffit de consulter l'histoire de nos rapports avec Madagascar. Depuis le milieu du dix-septième siècle, la France y a fait de nombreuses tentatives de colonisation ; elles ont successivement échoué, parce qu'elles ont été conduites sans aucun esprit de suite et sans l'emploi des moyens qui pouvaient les faire réussir. Dans l'intervalle, le commerce se bornait aux échanges que des traitants faisaient sur la côte avec les indigènes. — La politique des Hova à l'égard des Européens et spécialement des Français a présenté la même incohérence. Tantôt en effet, ils ont encouragé les relations avec les étrangers, tantôt ils ont essayé de leur fermer complètement le pays. Ce n'est guère que depuis 1868, époque d'un traité signé avec la France (1), que l'île nous est définitivement ouverte ; encore une interruption s'est-elle produite au moment de la guerre franco-hova.

Il faut aussi considérer que la pauvreté des Malgaches, qui vient de ce que jusqu'à présent

---

(1) Des traités analogues avaient été conclus en 1865 avec l'Angleterre et en 1866 avec les Etats-Unis.

ils n'ont su tirer qu'un parti restreint des ressources du pays, limite forcément les relations commerciales avec l'étranger. A Madagascar, la circulation monétaire est faible, l'épargne peu abondante. L'indigène ne peut faire que les achats strictement indispensables et il suffit d'une mauvaise récolte, d'un impôt nouveau ou d'un accident quelconque pour le ruiner complètement.

Il n'est donc pas étonnant que notre commerce n'ait pas encore pris à Madagascar une grande extension et que peu d'entreprises y aient été tentées. Pour les raisons qui précèdent et pour d'autres que j'indiquerai en parlant de la colonisation, les établissements existant aujourd'hui ont même le plus souvent un caractère purement provisoire, parce qu'ils manquent de la sécurité indispensable pour en garantir le succès et en faciliter le développement. Tout cela peut et doit changer maintenant que le protectorat de la France est sérieusement établi et qu'il est officiellement reconnu par la puissance dont l'action apparente ou cachée nous avait créé jusqu'à présent les plus grands obstacles.

Comme il arrive généralement dans les pays neufs, le commerce de Madagascar avec l'étranger se compose surtout de matières premières pour l'exportation et de produits fabriqués pour l'importation.

Parmi les premières, celles qui donnent lieu au plus fort chiffre d'affaires sont le caoutchouc, la cire, les bœufs vivants, le rofia, la gomme copal ; parmi les matières ayant déjà subi une préparation figurent les peaux salées de bœufs et de moutons. Les seuls objets fabriqués qu'on transporte au dehors sont les rabanes, particulièrement celles façonnées en sacs, les nattes et une petite quantité de sucre.

Les objets importés sont nécessairement beaucoup plus nombreux. En première ligne viennent les tissus, notamment les cotonnades, puis les liquides, la mercerie, la parfumerie, les métaux, les machines, les outils, la verrerie, la droguerie et la papeterie. Pour les Européens établis dans le pays, on importe aussi de la farine et des conserves alimentaires.

D'après les statistiques dressées par le service des douanes dépendant du Comptoir national d'Escompte, voici d'ailleurs la valeur des exportations et des importations pour quelques produits, choisis parmi les plus importants, à Tamatave pendant l'année 1890 (1). Ces chiffres

(1) On trouvera ces statistiques détaillées dans un rapport commercial rédigé par M. d'Anthoüard, chancelier de la Résidence à Tananarive, et inséré au *Journal Officiel* du 21 Juin 1891.

donneront une idée de la nature et de la repartition du trafic qui se fait par les ports de la côte orientale.

VALEUR COMPARATIVE DES PRINCIPALES MARCHANDISES EXPORTÉES PAR TAMATAVE PENDANT L'ANNÉE 1890.

DÉSIGNATION	VALEUR	POURCENTAGE de l'exportation totale = 2 353 948fr 77
Caoutchouc	1 011 339. 91	42.9 %
Peaux de bœufs	588 467. 15	24.1 %
Cire	235 224. 50	9.9 %
Bœufs vivants	169 550. »	7.2 %
Rofia	145 062. 20	6.1 %
Sucre	61 446. 17	2.6 %
Rabanes	35 333. 10	1.5 %
Gomme copal	32 540. 45	1.3 %
Crin végétal	27 112. 10	1.1 %
Cornes de bœufs	17 561. 33	0.7 %
Peaux de moutons	16 105. 45	0.6 %
Divers		2.0 %

Pour les importations, afin de rendre les chiffres plus significatifs, j'ai réuni en un certain nombre de groupes les diverses rubriques de la statistique douanière ; dans chacun d'eux, les articles sont classés par ordre d'importance décroissante ; j'ai d'ailleurs indiqué, quant aux plus intéressants, les sommes pour lesquelles ils entrent dans le total de chaque catégorie.

VALEUR COMPARATIVE
DES PRINCIPALES MARCHANDISES IMPORTÉES
PAR TAMATAVE PENDANT L'ANNÉE 1890

DÉSIGNATION	VALEUR	POURCENTAGE de l'importation totale 4 121 069^{fr}.21
Tissus. — Toiles écrues (2 067 551 f. 70), indiennes et mouchoirs (231 702 f. 10), toiles blanches (185 563 f. 60), pattna (74 878 f. 80), tissus de coton fantaisie (49 438 f. 75), flanelle (46 189 f. 39), toiles bleues, draperies, toiles roses, mousselines, soieries, étoffes de laine, toile à voile, serge, alpaga	2 728 184^{fr}.06	66.2 %

DÉSIGNATION	VALEUR	POURCENTAGE de l'importation totale = 4 121 069 fr. 31
Liquides. - Rhum (311 560 f. 20) vins (109 047 f. 23), vermouth (21 107 f. 96), absinthe (19493 f. 05) eau-de-vie, bière, liqueurs, porter, amer Picon, alcool, whisky, eaux minérales, gin, vinaigre....	522 477 fr. 18	12.6 %
Produits alimentaires. — Sel (31 580 f. 17), farine (237 68 f. 55) sucre blanc (19 882 f. 16), riz (16 737 f. 55), confiserie, huile d'olive, biscuits, oignons, thé, beurre, pommes de terre, saindoux, épices, pâtes, chocolat, café, poisson salé............	135 166. 70	3.2 %
Vêtements confectionnés — Chaussures (32 226 f. 65), chapeaux (23 493 f. 75), lingerie, bonneterie, vêtements, couvertures en laine, châles..........	107 433. 30	2.6 %
Mercerie et Parfumerie. — Mercerie (58 298 f. 86), savons (20892 f. 28), parfumerie, perles.	95 131. 39	2.3 %

DÉSIGNATION	VALEUR	POURCENTAGE de l'importation totale = 4 121 069 fr. 21
Machines et métaux ouvrés — Quincaillerie (51 604 f. 25), marmites (23 386 f. 55), outils, machines diverses, machines à coudre, ancres et chaines.......	92 520 fr. 35	2.2 %
Métaux. — Zinc et tole galvanisée (26 512 f. 99), fer-blanc (11 260 f. 45), fer en barres, cuivre, étain, plomb, fer, feuillard...	55 760. 14	1.3 %
Faïence et verrerie. — Faïence (32 822 f. 55), dames-jeannes vides (12 042 f. 95), verrerie, verre à vitres............	53 701. 47	1.2 %
Papeterie et librairie. — Papier (26 560 f. 52), livres, 8 619 f. 70), fournitures de bureau............	36 948. 77	0.8 %
Produits chimiques et pharmaceutiques. — Drogueries (34 587 f. 13), coaltar, acide sulfurique....	31 703. 13	0.8 %

DÉSIGNATION	VALEUR	POURCENTAGE de l'importation totale = 4.069.215
Matériaux de construction. — Bois de sapin (18000 f. 45), peinture (9 535 f. 75), serrures en fer, papiers peints, ciment, briques, chaux...	31729 f. 89	0.7 %
Bimbeloterie, etc., — Bimbeloterie (2) 862 f. 89), jouets d'enfants (3 165 f. 65), miroirs, lampisterie...	27631 . 39	0.6 %
Divers...	»	5.5 %

Je parlerai d'une façon détaillée des objets d'exportation et d'importation dans les deux chapitres suivants.

Comme on vient de le voir, à Tamatave, les importations dépassent notablement les exportations. Le même fait se reproduit sur les autres places. Dressé pour l'année 1890, le tableau qui suit, montre que la proportion reste sensiblement la même dans les trois ports principaux de la côte orientale.

VALEUR COMPARATIVE DES EXPORTATIONS ET DES IMPORTATIONS
DANS LE COMMERCE GÉNÉRAL DE TAMATAVE, VATOMANDRY ET MANANJARY
PENDANT L'ANNÉE 1890.

	VALEUR ABSOLUE			VALEUR RELATIVE	
	EXPORTATION	IMPORTATION	TOTAL	Exportation	Importation
	FR.	FR.	FR.		
Tamatave....	2 353 948 77	4 121 069 21	6 475 017 98	36.4 %	63.6 %
Vatomandry..	145 656 21	280 058 40	425 714 61	34.3 %	65.7 %
Mananjary...	468 464 90	769 058 10	1 237 523 »	37.8 %	62.2 %

Cette proportion, qui reste la même pour les trois grands ports de la côte Est, on commettrait certainement une erreur en l'appliquant au trafic de toute l'île. Dans beaucoup de petits ports, par exemple à Vohimarina, les importations sont presque nulles, tandis que les exportations (bœufs, cuirs, cornes, cire) s'élèvent assez haut. A Mojanga, sur la côte Ouest, la valeur des marchandises est presque la même à l'entrée et à la sortie.

Actuellement, il est à peu près impossible de se rendre un compte exact de l'importance totale du commerce de Madagascar. Des statistiques à peu près complètes n'existent que pour les six ports que surveillent des agents du Comptoir national d'Escompte. Dans les autres ports soumis aux Hova, elles ne sont pas faites ou, du moins, pas publiées ; le fussent-elles, elles seraient fausses, puisque les officiers des douanes et les gouverneurs sont les premiers à pratiquer la fraude. Elles sont moins faites encore sur la partie des côtes qui échappe à la surveillance des Hova. En tenant compte des renseignements que j'ai recueillis, et bien que certains auteurs donnent des chiffres beaucoup plus élevés, je crois que le commerce total de Madagascar ne dépasse pas 22 ou 23 millions, dont plus de la moitié pour la côte orientale.

Les renseignements font défaut pour assigner la part des différentes nations dans le chiffre total. Commencés en 1886 et 1887 dans quelques ports, les relevés n'ont pas été poursuivis et ce qu'on en connait n'offre pas toutes les garanties désirables. En tenant compte de leurs colonies aussi bien que de la métropole, les pays qui font le plus d'affaires avec Madagascar sont la France, l'Angleterre et l'Amérique.

D'après l'ensemble de mes renseignements, je répartis approximativement ainsi entre les différentes nations le trafic de Madagascar :

France, La Réunion	20 0/0
Angleterre, Maurice, Indes anglaises, Seychelles	45 0/0
Amérique.	22 0/0
Allemagne.	10 0/0
Divers (Italie, Suisse, Australie), etc.	3 0/0

Il est bon de noter que depuis l'établissement, du protectorat, la part proportionnelle du commerce français progresse lentement, mais avec continuité.

Par ses ports de l'Ouest, Madagascar entretient aussi quelques relations commerciales avec la côte d'Afrique, particulièrement Zanzibar.

Quant au pavillon sous lequel se fait le commerce dans les ports principaux, les statistiques fournissent des renseignements précis. Le tableau suivant donne la proportion pour les trois grands ports de la côte orientale ; par suite des habitudes de la navigation, elle diffère beaucoup dans chacun d'eux. Le commerce sous pavillon français, par exemple, qui représente un peu plus du tiers du commerce total de Tamatave, port fréquenté par les bâtiments des *Messageries maritimes* et de la *Compagnie Havraise péninsulaire* n'est pas le cinquantième du commerce de Mananjary. Notre marine marchande a encore beaucoup à faire pour prendre à Madagascar la situation qu'y occupe actuellement celle des pays qui entrent en concurrence avec la France.

VALEUR COMPARATIVE DU COMMERCE PAR PAVILLON DANS LES PORTS DE TAMATAVE, VATOMANDRY ET MANANJARY PENDANT L'ANNÉE 1890.

PAVILLON	TAMATAVE		VATOMANDRY.		MANANJARY	
	VALEUR ABSOLUE	VALEUR RELATIVE	VALEUR ABSOLUE	VALEUR RELATIVE	VALEUR ABSOLUE	VALEUR RELATIVE
Français..	2 310 110,15	35.6 %	46 384,50	10.9 %	22 297,60	1.8 %
Anglais...	1 562 323,22	24.2 %	330 371,92	77.6 %	966 323,30	78.0 %
Allemand..	369 772,30	5.8 %	10 097,35	2.3 %	78 152,15	6.3 %
Américain.	2 138 767,70	33.0 %	»	»	157 827,50	12.9 %
Autrichien.	9 833,72	0.1 %	»	»	»	«
Malgache..	66 082,95	1.0 %	5 881,15	1.4 %	»	«
Italien...	18 127,74	0.3 %	32 979,69	8.8 %	12 922,45	1.0 %
	6 475 017,98		425 714,61		1 237 523,00	

Au sujet de ce tableau, remarquons que certains navires portant des couleurs étrangères sont affrétés par nos nationaux. En général, les barques qui font le cabotage pour le compte des maisons françaises, même quand elles leur appartiennent, battent pavillon anglais. L'origine de cette anomalie remonte à la guerre franco-hova.

On vient de voir que presque tout le commerce de la côte Est se fait avec la France, l'Angleterre, l'Amérique et l'Allemagne. Des négociants appartenant à ces quatre nationalités sont établis à Madagascar, mais ils ne dirigent pas leurs opérations de la même manière.

Les Américains et les Allemands possèdent des maisons peu nombreuses mais importantes ; ils disposent de grands capitaux et ont des représentants dans différents points du pays ; ils affrétent des batiments spéciaux pour apporter à Madagascar des marchandises prises directement dans les fabriques et pour se charger, au retour, des objets d'exportation achetés aux indigènes par les agents installés dans les centres de production. Cette méthode permet de vendre bon marché, tout en réalisant des bénéfices.

Les maisons anglaises et surtout les françaises ont généralement une moindre impo tance. Sauf quelques exceptions, les trafiquants français ne disposent que d'un petit capital et limitent leurs opérations aux environs des points où ils sont établis ; beaucoup ne font que le commerce d'importation ; beaucoup aussi ne sont pas en rapport direct avec les producteurs et se fournissent par l'intermédiaire de commissionnaires. Pour quelques articles, ils s'approvisionnent à l'étranger ; certains sont simples consignataires et se trouvent dans l'embarras quand les marchandises ne s'écoulent point assez vite. C'est ce qui explique le nombre considérable des ventes à l'enchère qui ont lieu journellement dans certaines localités, particulièrement à Tamatave ; elles se font parfois à perte et avilissent les prix.

Le nombre des villes où sont établis des commerçants français est très limité ; ils se font donc grande concurrence et doivent se borner à un chiffre d'affaires restreint. Certains arriveraient à de meilleurs résultats en s'installant dans des lieux moins peuplés, mais où ils seraient les maîtres du marché.

Dans quelques villes, les Européens font seulement le commerce de gros. Sur la côte Est, le commerce de détail avec les indigènes appartient aux Indiens Malabares ; dans le centre, il est fait par les Hova.

Principaux centres commerciaux

Les villes les plus commerçantes de Madagascar offrent certaines particularités dignes d'attention. Je vais les indiquer rapidement en insistant d'une façon spéciale sur les localités où j'ai eu l'occasion de séjourner.

Diego-Suarez

A l'extrémité Nord de l'île, sur le territoire cédé à la France par le traité du 17 Décembre 1885 et non encore exactement délimité, un important établissement militaire a été créé. Dans le voisinage, des commerçants français et étrangers, puis des indigènes sont venus se fixer et y ont formé en quelques années une agglomération d'environ 6 000 habitants. Cette ville nouvelle est Antsirana, chef-lieu de la colonie de Diego-Suarez.

Antsirana se divise en deux parties : ville basse et ville haute. La première, resserrée entre la plage et un coteau, a une superficie de quatre hectares ; elle renferme 1 600 habitants, parmi lesquels beaucoup de commerçants dont les magasins bordent les rues aboutissant au quai,

Construite dans une plaine marécageuse, la ville basse est restée malsaine, quoiqu'on ait fait des travaux pour faciliter l'écoulement des eaux ; elle doit d'ailleurs disparaitre pour faire place à des bassins de radoub dont l'établissement est projeté.

La ville haute, percée de larges voies se croisant à angle droit, est plus salubre et mieux disposée. Plusieurs édifices publics, un grand marché couvert et quelques constructions européennes en matériaux solides y ont été élevés récemment. Quant aux cases légères des indigènes, elles sont obligatoirement isolées et bâties dans des enclos, afin d'éviter la propagation des incendies. Aussi bien pour les arrêter que pour alimenter la population, l'eau est en quantité insuffisante : on a le projet de détourner un ruisseau, qui coule à une dizaine de kilomètres, et de l'amener dans des réservoirs qu'on établirait sur des hauteurs dominant la ville. La dépense est évaluée à 300 000 francs.

Malgré l'importance relative qu'à prise en peu de temps Antsirana, il ne faut pas se dissimuler que le commerce qui s'y fait a encore pour objet principal l'approvisionnement des troupes et des employés de l'administration française. Quant aux échanges avec les habitants du pays, j'ai indiqué en parlant des ports les raisons pour lesquelles, à mon avis, ils ne sauraient être considérables. Les relations ne sont possibles qu'avec les indigènes établis dans la colonie et ceux qui se trouvent à proximité sur le territoire hova et sur la côte Ouest. C'est une clientèle qui n'atteint pas 40 000 individus et qui ne peut pas augmenter beaucoup. Par suite de cet état de choses, il existe une disproportion énorme entre les importations et les exportations, les premières s'élèvent à cinq millions environ, les secondes ne dépassent pas le quart de cette somme.

La colonie de Diego-Suarez a été classée par la loi du 11 Janvier 1893 dans la catégorie de celles où le tarif douanier métropolitain n'est pas applicable. En ce qui concerne les produits de Diego-Suarez importés en France, ils sont soumis aux droits du tarif minimum, sauf exceptions déterminées par le Conseil d'État.

Les marchandises vendues dans le territoire de Diego-Suarez sont surtout les liquides et les étoffes de coton.

Pour les liquides, les commerçants se plaignent de l'élévation des droits. Chaque débitant est assujetti à une patente annuelle de 120 fr. De plus on perçoit les taxes suivantes :

Vin rouge ou blanc, la barrique bordelaise . . . . fr. 10 »»

Vin rouge ou blanc, la caisse de 12 bouteilles . . . . fr. 1,»»
Vin de dessert, l'hectolitre . . . . 10,»»
    »   la caisse de 12 bouteilles 1,50
Champagne, la caisse de 12 bouteilles 2,»»
Gin, l'hectolitre 100,00
Cognac, eau-de-vie, rhum, tafia, whisky, l'hectolitre. . . . . . 50,»»
Absinthe, l'hectolitre. . . . . . 100,»»
    »   la caisse de 12 bouteilles . 15,00
Vermouth, l'hectolitre. . . . . . 20,»»

Ces taxes méritent l'approbation, la naissante colonie n'ayant aucun intérêt à favoriser le commerce des boissons alcooliques.

Un arrêté du gouvernement, en date du 26 Mai 1891, a aussi établi les taxes suivantes percevoir sur les liquides exportés de la colonie par la voie de terre :

Rhum, eau-de-vie, tafia, le litre . fr. 0,10
Vin ordinaire, la barrique bordelaise 2,»»
Vin supérieur, la caisse de 12 litres. 0,60
Absinthe, le litre 0,30
Bière, l'hectolitre 2,50

Les étoffes sont, comme partout ailleurs à Madagascar, d'origine étrangère. Les tissus de coton écrus sont américains, les tissus teints ou imprimés anglais. Sur l'initiative du gouverneur, M. Froger, quelques tentatives ont été faites pour les remplacer par des cotonnades fabriquées à Rouen ; la bonne qualité des produits français a été appréciée par les indigènes, mais, à cause de leur prix élevé, ils se sont vendus difficilement. Les étoffes avaient aussi le défaut de n'être pas de la largeur habituelle et nécessaire aux consommateurs.

Les relevés officiels ne fournissent que des renseignements erronés sur la provenance des importations. Ainsi on compte comme marchandises françaises celles — relativement nombreuses — tirées de notre possession de Nosy-Be ; or Nosy-Be est approvisionné de marchandises allemandes par une grande maison de cette nationalité et de marchandises anglaises venant de Bombay. Actuellement, les véritables importations françaises constituent par malheur une exception, au moins pour les articles vendus aux indigènes.

Des plantations sont exploitées dans la plaine d'Anamakia à proximité d'Antsirana. Quelques concessions de terrains ont déjà été données par le gouvernement de la colonie ; elles sont habituellement de 25 hectares et peuvent s'étendre davantage lorsque le solliciteur possède des ressources suffisantes pour les mettre en valeur. Les cultures maraichères, faites dans le but d'alimenter le marché du chef-lieu et de fournir des vivres frais aux navires de guerre et aux paquebots, réussissent bien et peuvent, sans grande mise de fonds, donner de sérieux bénéfices.

Une grande usine pour la fabrication des conserves de viande destinées à l'armée a été installée récemment à Antongombato sur le territoire de Diego-Suarez. Fondée par la « Société de la Graineterie française » elle doit traiter par an 40 000 bœufs, 10 000 porcs et 20 000 moutons ; plus tard, on y préparera aussi des conserves de volailles, de poissons et d'ananas ; l'établissement a pour annexes un vaste atelier de ferblanterie pour la fabrication des boites et une tannerie pour préparer les peaux par le système électrique Worms et Balé. Les batiments — inachevés encore — couvrent 7.000 mètres carrés ; ils sont reliés au débarcadère d'Antsirana par une voie Decauville de neuf kilomètres.

Des salines d'une superficie totale de 292 hectares ont été concédées, en 1887 et 1888, à un armateur de Granville, M. Lefebvre-Rioult ; elles sont situées au Nord de la plaine d'Anamakia entre l'embouchure de la rivière de la Main et les hauteurs qui bornent à l'Ouest la vallée de l'Antomboka. Une émission publique de titres a été faite en 1890 pour une société créée en vue de leur exploitation. Des difficultés avec une autre société qui avait aussi obtenu une concession dans le voisinage ont jusqu'à présent empêché l'une et l'autre de tirer aucun parti des salines. Le partage des terrains ayant été refait récemment à la suite d'un jugement du Conseil d'Etat, les deux compagnies vont probablement commencer enfin l'exploitation.

Sainte-Marie de Madagascar

L'ile de Sainte-Marie de Madagascar, qui nous appartient depuis 1643, n'a jamais eu grande importance ni par son commerce ni par ses productions ; néanmoins j'en dirai quelques mots, parce que, dans certaines circonstances, elle pourrait devenir un entrepôt général de marchandises pour alimenter les petits ports de la côte orientale de Madagascar.

Administrativement, Sainte-Marie dépend de Diego-Suarez. Quelques fonctionnaires résident dans l'île. En les comptant la population européenne s'élève à trente personnes environ ; les habitants indigènes sont au nombre de 7500. L'agglomération la plus considérable est Ambodifototra sur la côte occidentale.

Sainte-Marie se trouve parmi les colonies dans lesquelles le tarif douanier métropolitain n'est pas applicable. Les produits importés en France sont soumis aux droits du tarif minimum, sauf exceptions déterminées par le Conseil d'Etat ; en conséquence, les rhums sont admis en franchise et les girofles ont le bénéfice de la détaxe de moitié.

Les contributions directes consistent en un impôt foncier de 1 franc à l'hectare et en un impôt de 1 0/0 sur la valeur estimée des constructions. La cote personnelle est fixée à 2 fr. par an par un arrêté local de Décembre 1891. D'après un autre arrêté en date du 2 Février 1887, les patentes auxquelles sont assujettis les commerçants se divisent en quatre classes ; les droits sont fixés à 275 fr., 150 fr., 25 fr. et 15 fr. suivant la classe.

Les droits de consommation sur les liquides sont les suivants :

Rhum, par barrique. . . . . . . fr.	125 »»
» par caisse de 12 bouteilles .	15 »»
Liqueurs » .	5 »»
Vermouth, par hectolitre. . . .	25 »»
Bière, »	10 »»
Vin ordinaire, par barrique . . .	6 »»
» par caisse de 12 bouteilles	1 »»

Le sol de Sainte-Marie, là où il est cultivable c'est-à-dire sur le cinquième environ de la superficie totale, est d'une grande fertilité. La canne à sucre, les racines alimentaires, les arbres fruitiers viennent bien. On a planté récemment des caféiers Liberia et des cacaoyers; ils réussissent, mais il est difficile de faire de grandes plantations, parce que les habitants sont trop indolents pour fournir la main-d'œuvre nécessaire.

Le giroflier pousse dans toutes les parties de l'île, même dans celles où aucune culture n'est possible. Il produit la seule denrée qu'on exporte. La quantité de clous de girofle récoltée annuellement est d'environ 35 000 kilogrammes, et on estime qu'en faisant des plantations on pourrait la décupler. Bien loin d'essayer d'arriver à ce résultat, les indigènes laissent perdre une portion du produit, surtout dans les bonnes années. Celles-ci sont rares depuis le cyclone de 1885 qui a fait beaucoup souffrir les girofliers en ébranlant leurs racines. La situation s'est encore aggravée à la suite du cyclone de Février 1893 qui a détruit une grande quantité d'arbres.

Les importations, classées par ordre d'importance décroissante, consistent en riz et farineux alimentaires, boissons, fils et tissus, bœufs vivants. Le total s'est élevé, en 1889, à 145 796 f. 20. Beaucoup de marchandises importées sont réexportées à Madagascar par des boutres indigènes.

Les exportations de 1889 ont représenté 109 492 fr. 80. Le montant général du commerce a donc été de 255 289 fr.

Tamatave

Tamatave est le point de concentration de la plus grande partie des produits de la côte orientale et de l'Imerina, le point d'où rayonnent dans tout le pays les marchandises d'importation. C'est la véritable capitale commerciale de l'île.

Tamatave est le siège d'une Résidence française. Les Hova y ont un gouverneur, les Etats-Unis d'Amérique, l'Angleterre, l'Allemagne et l'Italie des consuls. Deux maisons de banque sont établies dans la ville : une succursale du Comptoir national d'Escompte et une agence de la « New Oriental Banking Corporation » (1). Ces maisons ouvrent des comptes courants aux commerçants, font l'escompte, émettent des traites sur Paris, Londres et autres places.

(1) Cette banque a été mise en liquidation au commencement de 1892.

La ville se divise en deux parties, l'une européenne, l'autre malgache. Dans la première, les habitations, construites pour la plupart en bois, sont disposées le long d'une avenue parallèle à la mer ; c'est là que se trouvent les boutiques des commerçants et de grands magasins en tôle renfermant les produits qui arrivent continuellement de l'intérieur. Un chemin de fer à voie étroite, avec des wagonnets poussés par des hommes, a été établi le long de l'avenue principale ; un embranchement dessert le port et les entrepôts de la douane.

Beaucoup de commerçants français, anglais, américains et allemands sont installés à Tamatave. Pour ne parler que des premiers ils sont très nombreux ; on peut même dire qu'ils le sont trop. Les petits, qui constituent la majorité, ne sont pas spécialisés et vendent tous à peu près les mêmes articles ; ils se font donc une déplorable concurrence et se ruinent réciproquement.

Les négociants français de Tamatave ont constitué, en Juillet 1888, une chambre consultative de commerce dont l'établissement a été encouragé par la Résidence générale et qui s'est mise en rapport avec les chambres de commerce de la métropole et de l'étranger. En 1890, elle a organisé à Tamatave une exposition d'échantillons de produits français pour laquelle un appel a été adressé à nos industriels.

Quelques marchands hova habitent Tamatave ; ils s'occupent surtout de l'exportation des bœufs vivants et des peaux.

Le petit commerce de détail est tenu par des Indiens Malabares dont les boutiques sont concentrées à l'extrémité de la grande avenue aboutissant à la ville malgache. Dans le même quartier se trouvent les artisans indigènes : forgerons, menuisiers, ferblantiers, cordonniers, etc.

Depuis deux ou trois ans, quelques Chinois sont venus aussi s'établir à Tamatave.

Les denrées alimentaires se vendent dans un marché nommé bazar et bien approvisionné. A Tamatave, la vie est confortable, mais coûteuse.

Comme beaucoup de convois de marchandises partent de Tamatave ou s'y rendent, on trouve toujours dans la ville un grand nombre de porteurs ou *borizany* (1) ; c'est là que, d'après les saisons et les demandes, ils établissent entre eux le taux des transports. Une fois le prix adopté tous s'y soumettent et l'exigent.

J'ai donné précédemment le détail des im-

---

(1) Ce mot vient, paraît-il, du français *bourgeois*.

portations et des exportations qui se font par Tamatave. Je n'y reviendrai pas. J'ajouterai seulement que le commerce général qui s'est élevé en 1890 à la somme de . 6 475 017f. 98 n'était en 1888 que de . . . 5 275 356 »» soit, en deux ans, une aug-mentation de . . . . 1 199 661 98 ou environ 22,8 0/0 du chiffre le plus ancien. Cela prouve que l'importance commerciale de Tamatave a été en s'accroissant. Toutefois, on s'accorde à dire qu'elle n'atteint pas encore ce qu'elle était avant la guerre franco-hova, mais l'entente cesse quand il s'agit d'évaluer le montant des affaires à cette époque où aucune statistique n'était faite. C'est ainsi que, dans son intéressant rapport déjà cité, M. d'AnthoUard donne — en faisant d'ailleurs des réserves — pour le trafic général de Tamatave en 1882, le chiffre de 23 285 735 fr. comme « fourni par des commerçants sérieux ». D'un autre côté le P. de La Vaissière S. J. estime à 9 360 000 fr. pour 1881 le total des importations et des exportations sur la côte Est, total dans lequel serait compris le commerce de Tamatave (1). C'est un bien grand écart pour deux années voisines. La seconde évaluation

---

(1) *Vingt ans à Madagascar*; appendice, p. 331.

me paraît se rapprocher davantage de la vérité, quoique la part des importations indiquées comme étant de 2 460 000 fr. soit bien faible.

L'accroissement qui s'est produit dans le commerce de Tamatave et, comme j'aurai l'occasion de le signaler plus loin, de quelques autres ports ne semble pas devoir continuer. Il tient à des causes passagères dont la plupart déjà ont cessé d'agir. Pendant la guerre franco-hova, les produits du pays ne pouvaient plus s'écouler et un stock considérable s'était accumulé; durant les années qui ont suivi la cessation des hostilités, les exportations, alimentées par ce stock, ont été très actives; comme, en même temps, le gouvernement hova avait contracté un emprunt, l'argent, alors abondant, permettait de faire des achats au dehors; les importations ont donc aussi augmenté. Aujourd'hui, les réserves sont épuisées et il n'y a plus que la production courante; les ressources pécuniaires sont dépensées et le trésor public, vidé par le paiement des annuités de l'emprunt, insuffisamment alimenté par les recettes de la douane, n'est rempli que par des impôts pesant lourdement sur la population. Il en résulte un malaise d'autant plus sensible que l'activité momentanée des affaires avait attiré à Madagascar un grand nombre de commerçants; bien loin de réaliser actuellement des bénéfices, ils ne trouvent même plus le moyen de procurer une rémunération aux capitaux qu'ils ont engagés.

Cette situation peut, par suite de motifs secondaires, devenir plus ou moins tendue, mais elle n'est pas susceptible de se modifier profondément tant que subsisteront les entraves mises par le gouvernement hova au développement économique du pays.

Vatomandry

Les villes de la côte, comme par exemple Vatomandry, font, sur une petite échelle, le même genre d'affaires que Tamatave. Elles ont beaucoup moins de rapports maritimes directs avec l'étranger. Les marchandises sont souvent importées et exportées par Tamatave ; elles font le trajet jusqu'à cette ville soit par des boutres caboteurs, soit par des pirogues en suivant les lagunes, soit par la voie de terre.

Vatomandry a eu temporairement, il y a quelques années, une assez grande importance. Pendant la guerre avec les Hova, Tamatave était bloqué par les navires français; comme ils étaient trop peu nombreux pour surveiller toute la côte, le commerce extérieur se faisait par Vatomandry. Certains bâtiments ont gardé l'habitude de fréquenter ce port, mais ils la perdent peu à peu.

Aujourd'hui, les seuls établissements importants de Vatomandry sont deux maisons américaines et quelques maisons anglaises. Les négociants français y font peu d'affaires.

Le commerce général qui s'élevait en 1888 à 553 760fr.15
n'a été, en 1890, que de . . . 425 714 .61
soit, en deux ans, une diminu-
tion de . . . . 128 045 .54
ou 23,1 0/0 du chiffre ancien.

Les importations qui se font par Vatomandry et dont le montant s'est élevé, en 1890, à 280 058 fr. 40, n'offrent, ni par leur nature, ni par leur proportion, rien de particulier. Il n'en est pas de même des exportations qui sont, entre elles, dans un rapport différant notablement de ce qu'on constate à Tamatave. En voici le tableau résumé :

VALEUR COMPARATIVE DES PRINCIPALES MARCHANDISES EXPORTÉES PAR VATOMANDRY PENDANT L'ANNÉE 1890.

DÉSIGNATION	VALEUR	POURCENTAGE de l'exportation totale = 145 656 fr. 21
	FR.	
Rofia.	75 314. 50	51.6 %
Peaux de bœufs . .	27 237. 10	18.7 %
Cire	17 606. 25	12.1 %
Caoutchouc	11 442. 20	7.8 %
Sucre	5 598. 60	3.8 %
Sacs vides	4 300. »	2.9 %
Rabanes	2 160. »	1.5 %
Crin végétal	677. 50	0.5 %
Gomme copal . . .	495. 80	0.3 %
Divers (Riz, cornes, miel, café, cordes		0.8 %

Le rofia servant à tisser les rabanes et les rabanes à confectionner les sacs, on voit que la caractéristique du commerce local est la grande exportation de cette fibre végétale en nature ou manufacturée, puisque les trois articles forment 56 0/0 des marchandises envoyées au dehors. Vatomandry est donc le port du rofia.

Mahanoro

Mahanoro, ou plutôt Androranga — car le premier nom appartient à une ville administrative et militaire d'une cinquantaine de cases — est une agglomération de 3 000 à 4 000 habitants. Les commerçants non indigènes ne sont pas plus d'une douzaine ; ce sont, pour la plupart, des Mauriciens ; deux Français, originaires de la Réunion, se trouvent néanmoins parmi eux.

Les marchandises importées sont principalement les cotonnades, le sel et le rhum. On exporte, directement ou indirectement par d'autres points, du rofia, des rabanes façonnées en sacs pour le sucre, du riz, de la gomme copal, du caoutchouc et de la cire, ces deux dernières matières en petite quantité.

A Mahanoro, comme dans la plupart des petites villes de la côte, les commerçants sont aussi planteurs. Dans la région du Mangoro, ils récoltent surtout la vanille, et quand les plantations, assez récentes, seront en pleine production, les gousses préparées formeront un important article d'exportation. Evidemment, Mahanoro deviendra, d'ici à quelques années, le principal centre de la vanille, mais, en raison de sa grande valeur et de son faible poids qui lui permettent de supporter des frais de transport par terre, elle s'écoulera probablement par les ports voisins.

En dehors de son établissement principal qui est à Androranga, chaque commerçant possède ordinairement un petit dépôt de marchandises européennes dans sa plantation ; il les échange avec les indigènes contre des produits du pays. De temps à autre, il envoie un agent, d'ordinaire un métis européen-betsimisaraka, avec quelques marchandises dans les villages situés sur les bords du Mangoro. Ces marchandises, destinées à être troquées contre du riz ou du caoutchouc sont transportées en pirogue, mais, à cause des rapides et des chûtes, cette navigation s'arrête forcément à une petite distance de la côte. J'ai pu constater les conséquences d'un tel arrêt, car, en remontant le fleuve, je me suis bientôt trouvé dans des villages que ne visitent jamais les commerçants et où les produits européens sont presque inconnus.

Mananjary

Mananjary, à l'embouchure de la rivière du même nom, se trouve à côté de Masindrano : la première ville est celle du commerce ; la seconde, qui lui est attenante, est administrative et militaire. Cette juxtaposition se présente fréquemment à Madagascar.

Mananjary sert d'entrepôt à une partie des produits du Sud et à la presque totalité de ceux de la province des Betsileo dont la capitale, Fianarantsoa, est à cinq jours de marche.

Deux grandes maisons françaises, installées à Mananjary avant la guerre franco-hova, n'ont pas repris les affaires après la fin des hostilités. Actuellement, les commerçants sont des créoles de la Réunion ou de Maurice, représentants d'établissements anglais, américains et français qui ont ailleurs leur siège principal ; quelques uns de nos nationaux y font aussi le négoce pour leur propre compte.

Les importations sont, comme partout ailleurs, composées principalement de tissus et de liquides. Je noterai en outre qu'une grande quantité de sel est introduite ; elle a représenté, en 1890, une valeur de 80 576 fr. 60 sur un chiffre total de 769058 fr. 10, ou environ 10,5 0/0 des importations.

Les exportations sont limitées à quelques articles entre lesquels le tableau suivant permettra d'établir la comparaison :

VALEUR COMPARATIVE DES PRINCIPALES MARCHANDISES EXPORTÉES PAR MANANJARY PENDANT L'ANNÉE 1890.

DÉSIGNATION	VALEUR	POURCENTAGE DE l'exportation totale = 468 964^{fr}90
Caoutchouc	167 154^{fr}90	35.6 %
Cire	164 399 55	35.1 %
Sacs vides	66 340 »	14.1 %
Cuirs (peaux de bœufs, moutons.	64 298 55	13.7 %
Haricots	4799 30	1.0 %
Divers (suif, café, gomme, copal, riz, etc.	»	0.5 %

Le commerce de Mananjary est en voie d'accroissement. Son total qui s'est élevé, en 1890, à la somme de . . . . . . 1 237 523 f. » »
n'était, en 1888, que de . . . 820 129. 95
soit, en deux ans, une augmentation de . . . . 417 393 f. 05

représentant 50,9 0/0 du chiffre le plus ancien. Elle a pour origine, d'une part, le développement propre des affaires dans la région que dessert ce port, de l'autre, la décadence de Vatomandry. C'est, proportionnellement, l'extension commerciale la plus rapide qui se soit produite à Madagascar depuis l'établissement du protectorat.

Tananarive

La capitale du royaume hova, Tananarive, est située dans la province de l'Imerina sur le plateau central à une altitude d'environ 1400 mètres. Elle renferme 100 000 habitants; la population européenne ne dépasse pas 300 personnes.

C'est le siège de la Résidence générale de France. Quelques-unes de nos administrations y entretiennent des agents. Une quarantaine de soldats d'infanterie de marine et plusieurs officiers y tiennent garnison et servent d'escorte d'honneur au Résident général.

Des missionnaires catholiques et protestants ont des établissements importants à Tananarive; les premiers dirigent une école dans laquelle le français est enseigné aux enfants indigènes; ils possèdent une imprimerie où ont été édités des livres d'enseignement et plusieurs ouvrages de linguistique malgache. L'observatoire météorologique, devenu récemment indépendant, a été fondé et longtemps régi par eux.

Plusieurs journaux sont publiés à Tananarive ; l'un d'eux, le *Progrès de l'Imerina*, est entièrement français ; d'autres contiennent à la fois des articles en français, en anglais et en malgache.

Les établissements financiers dont j'ai parlé à propos de Tamatave ont des agences dans la capitale.

Tananarive est un marché où viennent se concentrer tous les produits, autres que ceux de la région côtière, avant d'être envoyés aux ports d'embarquement, particulièrement à Tamatave et à Mojanga. Au point de vue des exportations, le commerce le plus important est celui des bœufs vivants, des peaux de bœufs, de moutons et de chèvres. On traite aussi des affaires de rofia, de rabanes et de café. Le riz, abondant et à bas prix dans l'Imerina où sa culture par les Hova a atteint un haut degré de perfectionnement, est acheté pour être expédié dans les autres parties de Madagascar, mais on ne l'exporte pas.

Parmi les articles importés, les cotonnades

donnent lieu à des affaires considérables. Leur importance s'explique par la nombreuse population que renferme la province centrale ; comme les Hova ont renoncé presque absolument à l'usage des étoffes de fabrication indigène et comme, par suite de l'abaissement relatif de la température dans le massif central, ils doivent porter plus de vêtements que les habitants de la côte, les tissus étrangers sont devenus pour eux un objet de première nécessité.

Les négociants européens vendent en gros aux détaillants indigènes les étoffes de coton et, en général, tous les tissus communs et d'un prix peu élevé. Certains d'entre eux limitent leur commerce à cette vente et à l'achat de produits susceptibles d'être exportés. D'autres joignent à ces opérations la vente de diverses marchandises européennes dans un magasin de détail ; ils font, le plus souvent, peu d'affaires. Les Hova n'ont ni beaucoup de besoins, ni beaucoup d'argent, et, quand ils en ont, ils le cachent par crainte des amendes et des confiscations que le gouvernement local pourrait leur infliger sous des prétextes plus ou moins justifiés. Les produits du pays sont d'un prix excessivement bas ; au contraire les produits étrangers, chers, par eux-mêmes, le deviennent davantage par le transport et par le bénéfice que l'intermédiaire veut réaliser ; ces derniers s'écoulent donc avec peine.

Il résulte de ce qui précéde qu'actuellement — et il en sera de même tant que les habitudes n'auront pas changé — les commerçants de détail sont assez nombreux à Tananarive. Ceux qui tenteraient d'aller s'y établir dans les mêmes conditions s'exposeraient à un échec presque certain. On ne peut y réussir qu'en disposant de capitaux suffisants pour faire de grosses opérations sur les tissus, le bétail et les cuirs.

Dans l'Imerina, les indigènes exercent certains métiers tels que la fabrication de tissus en rofia, en coton et en soie, de bijoux, de guipures, d'objets en corne ou en vannerie. A part les rabanes, aucun de ces articles n'est exporté, si ce n'est à titre de curiosité.

A Tananarive et dans les environs, quelques Français s'occupent de diverses industries (filature, céramique, fonderie, etc.) soit pour leur compte, soit pour celui du gouvernement hova ; les usines qu'ils ont fondées et sur lesquelles je reviendrai plus loin sont trop récemment installées pour avoir pu jusqu'à présent donner autre chose que des espérances.

Marchés indigènes

Tout le commerce intérieur de l'Imerina est concentré dans des marchés tenus régulièrement chaque semaine sur de nombreux points du territoire. Ils portent invariablement le nom du jour où ils sont ouverts, c'est-à-dire un des suivants qu'on trouve, par suite, fréquemment répétés sur les cartes : (1)

(1) Les noms des jours de la semaine viennent de l'arabe, mais probablement par l'intermédiaire du malais. Voici la comparaison des noms dans les trois langues :
Lundi. — Arabe ; *el-ethnin* ou *n'har el-ethnin* (littéralement : jour, le second); malais : *hari-senen* ; malgache : *alatsinainy*.
Mardi. — Arabe : *eth-thleta* ou *n'har eth-thleta* (jour, le troisième) ; malais : *hari-selasa* ; malgache : *talata*.
Mercredi. — Arabe : *el-arba'à* ou *n'har el-arba'à* (jour, le quatrième) ; malais : *hari-rebo* ; malgache : *alarobia*.
Jeudi. — Arabe : *el-khamis* ou *n'har el-khamis* (jour, le cinquième) ; malais : *hari-khemis* ; malgache : *alakamisy*.
Vendredi. — Arabe : *el-djema'ah* ou *n'har el-djema'ah* (jour de la mosquée) ; malais : *hari-jumat* ; malgache : *zoma*.
Samedi. — Arabe : *es-sebt* ou *n'har es-sebt* (jour, le septième) ; malais : *hari-saptu* ; malgache : *sabotsy*.
On remarquera que les noms arabes se présentent sous deux formes ; dans la seconde, chacun d'eux commence par *n'har*, jour, dont l'équivalent *hari* se trouve aussi dans le malais. La forme abrégée se rapproche davantage du malgache, mais cette ressemblance ne paraît pas suffisante pour prouver une dérivation directe.

Alatsinainy	Lundi
Talata	Mardi
Alarobia	Mercredi
Alakamisy	Jeudi
Zoma	Vendredi
Sabotsy	Samedi

Autrefois, il y avait aussi, le Dimanche, des marchés nommés *Alahady* (1), mais depuis l'adoption officielle du protestantisme comme religion des Hova, ils ont été supprimés.

Les marchés d'une même région se tenant des jours différents, on en trouve presque toujours un à peu de distance un jour quelconque de la semaine et quel que soit le lieu où l'on est.

Les marchés sont installés tantôt dans une ville ou dans un village, tantôt en rase campagne, loin de toute habitation, sans que parfois on puisse comprendre le motif qui a fait choisir leur emplacement. Quelques levées en terre de forme rectangulaire servent de tables pour étaler les objets à vendre et constituent toute l'installation. En temps ordinaire, le marché est vide, excepté quand il est situé sur une route très fréquentée, cas dans lequel un ou deux détaillants se tiennent toujours à la dis-

---

(1) Arabe : *el-ah'ed.*

position des porteurs de passage avec des victuailles telles que du manioc cuit à l'eau ou, dans les environs de Tananarive, une sorte de gâteau compact fait avec des grains de riz. Au jour fixé, l'aspect est, au contraire, très animé : dès le matin, les vendeurs arrivent des villages voisins ou de plus loin, chargés de *sobika* (1) contenant leurs marchandises ; ils les étalent et les abritent au moyen de branchages ou de grands parasols en rabane ; dans un coin, on tue un bœuf, on le dépèce et on improvise une boucherie ; à côté, on allume un grand feu et on flambe un porc, souvent encore à moitié vivant et remplissant l'air de ses cris ; plus loin, un changeur, sa balance à la main, s'accroupit devant un carré d'étoffe sur lequel il a placé des poids marqués, des piastres et des morceaux d'argent de toutes les dimensions. Les acheteurs affluent bientôt. Les uns vont seuls et à pied ; d'autres, plus fortunés, sont accompagnés d'un esclave qui, en venant, les a portés sur ses épaules pour passer à gué les ruisseaux de la route et qui, au retour, se chargera des acquisitions ; quelques-uns enfin, riches Hova ou fonctionnaires, arrivent en filanjana. Réunie pour quelques heures dans un espace restreint.

(1) Grande corbeille en jonc.

toute cette foule circule avec peine dans les étroits sentiers qui séparent les levées de terre. Tout en causant des nouvelles du jour avec ceux qu'il rencontre, chacun examine les objets dont il a besoin ; son choix arrêté, il en discute interminablement le prix et, après de longs pourparlers et des concessions mutuelles, il se décide à retirer d'un coin de son lamba, où l'argent est soigneusement serré dans un nœud compliqué, la monnaie coupée dont les morceaux menus sont soumis à des pesées répétées et regardés attentivement un à un avant d'être acceptés en paiement. Les transactions se continuent ainsi jusqu'au milieu de l'après-midi. Peu à peu, tout le monde se disperse et, bien avant le soir, le marché, tout à l'heure si populeux et si bruyant, retombe dans son isolement silencieux que trouble seul le croassement des *goaika* (1) attirés de loin par les débris de provisions répandus sur le sol.

Ces marchés sont surtout approvisionnés de denrées alimentaires telles que viande, poisson, volaille, riz, manioc, patates, fruits, sel et sucre indigène, rhum malgache. Les matières premières y sont représentées par du fer et plusieurs sortes de fibres textiles : soie, chan-

---

(1) Corbeau de Madagascar ; *Corvus scapulatus*.

vre, rofia ; les produits de l'industrie locale par des cruches et des marmites en terre cuite, des rabanes, des nattes, des paniers, des nasses pour la pêche et des ustensiles d'agriculture. Comme articles étrangers, on rencontre seulement du sel d'importation, des cotonnades, du fil, des aiguilles, des boutons et d'autres menus objets.

Le plus important de ces marchés hebdomadaires est celui de Tananarive ; il a lieu le vendredi et se nomme en conséquence le *Zoma*. Il se tient sur plusieurs grandes places, communiquant entre elles, à l'extrémité de la principale voie et dans le voisinage de la Résidence de France. En dehors de celles où l'on débite journellement des provisions de bouche, les boutiques indigènes sont très rares dans la ville : le marché est donc le véritable lieu d'approvisionnement. On peut sans exagération évaluer à trente mille le nombre des personnes qui s'y réunissent chaque semaine.

Le Zoma renferme des produits extrêmement variés. On y trouve depuis des légumes et des fruits jusqu'à des matériaux de construction.

Chaque nature d'objets a une place déterminée. Dans la grande rue sont groupés les ustensiles de voyage, les filanjana, les bambous pour porter les bagages, les cordes pour les attacher et les feuilles pour les protéger. Plus loin sont les instruments de musique que les marchands confectionnent, raccommodent ou accordent sur place. En face sont étalés les petits objets de fabrication européenne, les couteaux, les miroirs, les allumettes, les vases en faïence et la verrerie. Un quartier considérable est réservé aux étoffes, d'autres aux chapeaux de paille, aux objets en corne et en cuir, aux ustensiles en fer-blanc, aux ouvrages de vannerie, à la soie brute ou travaillée, aux lamba hova, à la serrurerie et à la quincaillerie. A côté, on trouve la viande, le poisson, les légumes, les fruits, les épices. Dans une autre partie du marché s'élèvent d'énormes monceaux d'une herbe sèche qui, à cause de la rareté du bois, sert de combustible pour la cuisine. Près de là, contre un mur, se tiennent, accompagnés de leurs propriétaires, les esclaves à vendre ; ils sont peu nombreux, car les affaires de ce genre se traitent ordinairement de gré à gré entre personnes de connaissance. Sur une autre place, à laquelle on arrive par une rue accidentée et encombrée de gros quartiers de roche, sont rassemblés les moellons, les pierres de taille, les briques, les poutres et les planches, les portes et les fenêtres toutes façonnées, les meubles et les larges feuilles de jonc employées pour couvrir les toits. Dans le voisinage sont parqués les animaux vivants, bétail et volaille.

Tous ces objets se vendent à bas prix, particulièrement les produits alimentaires. Un poulet coûte de 0 fr. 20 à 0 fr. 35, un filet de bœuf 0 fr. 30, un kilogramme de riz décortiqué de 0 fr. 10 à 0 fr. 12, un ananas quelques centimes. — Un Hova vit facilement avec deux sous par jour; quand, par exemple, on prend un domestique, l'usage n'étant pas de le nourrir, on lui donne comme équivalent 2 fr. 50 par mois et cette somme lui suffit largement — Pour un Européen vivant à Tananarive, les plus grosses dépenses relatives à l'alimentation sont celles destinées à l'achat du pain, du vin et du bois nécessaire à la cuisine.

Le Zoma est approvisionné par terre et par eau. Les légumes et les autres denrées arrivent des environs dans des corbeilles que des hommes ou des femmes portent sur la tête ; les volailles vivantes, les objets fragiles, par exemple, les vases en poterie, sont enfermés dans de grands paniers à claire-voie suspendus aux extrémités d'un bambou ; les poutres sont coltinées depuis la forêt le plus voisine où elles ont été façonnées. Le riz, le *bozaka*, servant de combustible, les briques et quelques autres marchandises viennent de l'Ouest par des pirogues qui suivent l'Ikopa, puis des canaux jusqu'à Isotry, à un kilomètre de Zoma. Une centaine d'embarcations sont employées à ce service.

ROUTES COMMERCIALES

En considérant seulement la région médiane de Madagascar et l'ensemble du versant oriental, on voit d'abord, à l'intérieur, une ville, Tananarive, qui, par sa population considérable et arrivée à un certain degré de civilisation, constitue un centre important de production aussi bien que de consommation ; et, ensuite, sur la côte, des rades, dont la plus fréquentée est Tamatave, établissant des relations entre l'île et l'étranger. Dans les deux sens, il doit donc exister des courants commerciaux entre la capitale et ces points d'embarquement ou de débarquement. Pour la même raison un autre courant ira de Fianarantsoa, chef-lieu de la province du Betsileo, au port le plus rapproché.

Plus ou moins perpendiculaires à la mer, ces courants coupent des territoires très dissemblables par le sol, le climat, la culture et la population. Il doit donc, entre ces territoires, s'effectuer des échanges.

Parallèlement à la côte, les courants commerciaux sont forcément moins puissants : ils traversent en effet des contrées ayant sensiblement la même altitude et les mêmes productions. Néanmoins, par suite de la prépondérance de Tananarive comme lieu de consommation et de concentration des marchandises, aussi bien que de Tamatave comme port préféré par la navigation, ils ont, de même que les précédents, une certaine importance au point de vue du commerce intérieur et du commerce extérieur.

Aux courants de la première catégorie correspondent, en allant du Nord au Sud:

1° La route de Tananarive à Andovoranto et Tamatave ;

2° La route de Tananarive à Mahanoro et Vatomandry ;

3° La route de Fianarantsoa à Mananjary.

A ceux de la seconde se rattachent :

1° Sur les hauts plateaux, la route de Tananarive à Fianarantsoa ;

2° Sur la côte, une route réunissant les villes maritimes et dont la partie comprise entre Tamatave et Mananjary constitue un fragment.

Les trois routes qui se dirigent vers la mer présentent à peu près les mêmes carac-

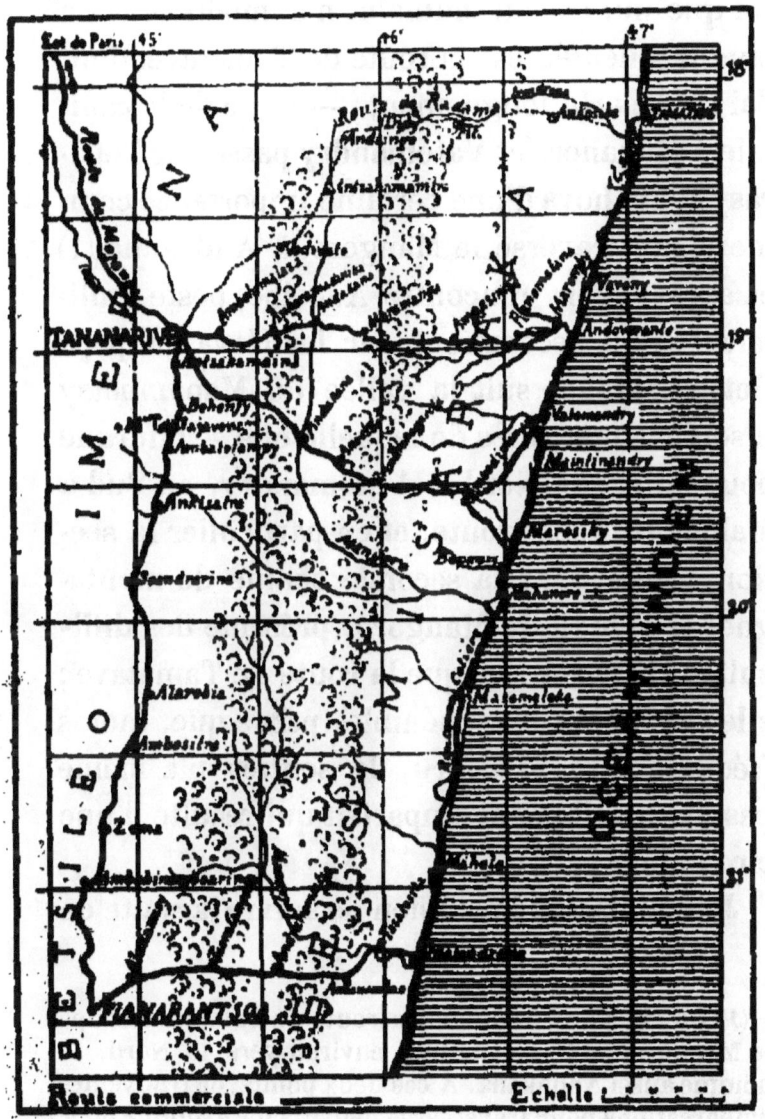

**CARTE DES ROUTES COMMERCIALES
DU CENTRE ET DE L'EST DE MADAGASCAR**

tères résultant de la nature et de la forme du sol que nul travail humain n'a modifiées. La plus fréquentée est la route de Tamatave, dont j'ai déjà parlé longuement. — Celle de la capitale à Mahanoro et Vatomandry passe par Beparasy, ville hova d'une certaine importance commerciale, traverse le Mangoro à Andakana (1) et après avoir rencontré Anosibe, poste militaire établi récemment par les Hova en pays Betsimisaraka, suit la vallée du Manampotsy jusqu'à la mer, près de laquelle elle se bifurque pour aller au Nord à Vatomandry, au Sud à Mahanoro. Cette route, et en particulier la section tracée dans la seconde chaîne de montagnes, à l'Ouest du Mangoro, présente des difficultés aussi grandes que la route de Tamatave ; elle est même plus pénible, parce que, moins fréquemment parcouru, le sentier n'a même pas le nivellement imparfait qui résulte d'une circulation active.

Je n'ai pas eu l'occasion de suivre la route de

(1) Le village près duquel la route de Tamatave coupe le Mangoro, à 50 kilomètres environ vers le Nord, se nomme aussi Andakana. A ces deux points, on trouve des embarcations pour traverser le fleuve: on s'explique donc qu'ils portent le même nom, pleinement justifié par l'étymologie (*Any*, là ; *lakana*, pirogues). Ces appellations identiques, fréquentes à Madagascar, n'en sont pas moins très incommodes.

Mananjary à Fianarantsoa qui passe par Tsiatosika, Sarahanony et le marché d'Alakamisy ; je ne crois pas que le profil en ait été relevé. D'après une description parue dans le *Bulletin de la Société de Géographie commerciale*, elle n'est guère bonne (1). Cependant, d'après ce que m'a dit le gouverneur hova de Mahanoro, Rainisolofo, elle aurait une pente assez régulière ; selon lui, c'est en suivant cette voie, qu'on rencontrerait le moins d'obstacles pour établir une ligne de chemin de fer allant de la mer à Fianarantsoa et de là à Tananarive ; ce tracé, fort long, n'aurait de raison d'être adopté que si la rade de Mananjary était améliorée.

La route de Tananarive à Fianarantsoa est certainement une des meilleures de l'île, grâce au terrain peu accidenté sur lequel elle reste. Elle traverse de nombreux villages et quelques villes importantes.

La route commerciale côtière, allant du Nord au Sud, est constituée par trois voies parallèles et voisines entre lesquelles se partage le transport des marchandises : les lagunes, le chemin des cordons littoraux et la mer. — J'ai indiqué les travaux qui seraient nécessaires

---

(1) Ces notes de voyage, signées E. F., ont été publiées dans le N° 1 de 1888-89.

pour rendre plus rapide et plus commode la navigation par les lagunes. —La voie terrestre, facile, puisque le sol est presque plat, ne présente d'autre inconvénient que le passage des cours d'eau qui sont, près de leur embouchure, au maximum de largeur. — La voie maritime, que suivent les boutres caboteurs, entraine souvent une grande lenteur à cause des vents contraires ; de plus de nombreux récifs de coraux la rendent quelquefois périlleuse.

Entre la route de Tananarive à Fianarantsoa et la route côtière, on ne trouve, allant du Nord au Sud, aucun chemin ayant une importance commerciale. Le littoral et l'Imerina sont actuellement les parties riches de Madagascar car ; beaucoup plus pauvre, la région intermédiaire ne renferme aucun village un peu considérable que ceux situés sur les routes allant à la mer, de l'Ouest à l'Est ; placés dans des conditions analogues relativement aux ressources locales et aux importations étrangères, ils n'ont aucune raison de faire entre eux des échanges.

CHAPITRE VI

PRODUITS INDIGÈNES
AGRICULTURE ET INDUSTRIE

Je vais maintenant passer rapidement en revue les principales productions minérales, végétales et animales des régions de Madagascar que j'ai visitées, mais je ne donnerai de détails que sur celles qui peuvent être exportées et sur quelques autres dont l'importance est grande au point de vue du commerce local. Je parlerai en même temps des industries pratiquées par les indigènes et par les étrangers établis dans le pays.

PRODUITS MINÉRAUX

Métaux

Le sol de Madagascar renferme des richesses minérales encore imparfaitement connues. Néanmoins, quelques gîtes métallifères sont exploités par les indigènes ou par des Européens ; d'autres ont été signalés en divers points par les voyageurs, mais n'ont pas été, jusqu'à présent, suffisamment étudiés pour qu'on soit fixé sur leur valeur industrielle,

Le gouvernement hova n'a jamais favorisé les recherches relatives aux mines ; les articles 9 et 10 des lois du royaume interdisent même la fouille des mines d'or, d'argent, de fer, de cuivre, de plomb, de pierres précieuses, de diamants, de houille, etc. « tant sur les terres prises à bail que sur celles qui ne le sont pas » sous peine de vingt ans de fers pour le coupable. La défense a été plusieurs fois renouvelée ; voici, par exemple, un extrait des ordonnances communiquées par le premier ministre aux chefs des provinces et aux gouverneurs des districts de l'Imerina dans un *Kabary* (1) tenu au commencement de 1889.

« XIV. — Vous devez arrêter et envoyer à Tananarive quiconque dans vos provinces, non porteur d'une lettre de Rainilaiarivony, sera pris cherchant de l'or ou autres métaux : argent,

---

(1) On nomme *Kabary* une assemblée dans laquelle les actes du pouvoir central étaient autrefois soumis à l'approbation des chefs ou du peuple et leur sont maintenant simplement communiqués. C'est aussi une réunion entre particuliers pour délibérer sur un sujet quelconque.

cuivre, pierres précieuses, diamants (1), charbon de terre, etc. ; s'il cherche à s'échapper ou à faire résistance, faites usage des armes (2). »

A une époque plus récente, le gouvernement a autorisé la recherche des mines, mais seulement pendant une période de trois mois. En tenant compte du temps nécessaire pour l'arrivée de la décision, de l'intervalle des paquebots, de la durée du voyage jusqu'à Tananarive et de là jusqu'aux régions minières, on peut voir aisément que, si un spécialiste européen avait été tenté de profiter de cette permission, il aurait pu, en se pressant, commencer ses opérations une dizaine de jours avant le moment ou expirait le délai. Prise dans des conditions qui la rendaient aussi illusoire, la mesure n'a amené aucun résultat.

Aujourd'hui donc comme auparavant on se retrouve sous le régime des autorisations particulières données à qui bon lui semble par le gouvernement hova, c'est-à-dire par le premier ministre. Les concessions pour l'exploitation des mines sont accordées de la même façon, à

---

(1) Dans toutes les ordonnances du gouvernement hova relatives aux mines, il est fait mention des diamants ; néanmoins la présence n'en a encore été signalée par aucun voyageur.

(2) *Progrès de l'Imerina*. N° 73, 26 mars 1889.

des conditions variant suivant les cas ; généralement le concessionnaire supporte tous les frais généraux et doit abandonner au gouvernement 55 0/0 du produit brut ; en échange, il reçoit un certain appui, surtout si l'entreprise donne des bénéfices, pour recruter, avec l'aide des chefs locaux, des ouvriers, travaillant plus ou moins librement.

De son côté, depuis quelques années, le gouvernement hova a fait explorer au point de vue minier plusieurs parties de l'ile ; ces recherches ont été faites ou dirigées par M. Rigaud, ingénieur français. Plusieurs des gites reconnus sont actuellement exploités pour le compte du gouvernement.

Les seuls métaux extraits jusqu'à présent sont le fer, l'or et le cuivre, ce dernier en petite quantité.

Fer.

Les habitants de Madagascar connaissent depuis longtemps l'art d'extraire et de travailler le fer. On n'a encore trouvé dans l'île ni armes ni instruments en pierre.

Le minerai de fer est abondant dans l'Imérina, a province des Betsileo et les régions de l'Ouest, notamment le Menabe. Il est souvent très riche et d'une extraction facile.

Après avoir été lavé et broyé, ce minerai est mis, avec du charbon de bois, par couches alternatives, dans un creuset construit pour chaque opération avec de l'argile. La combustion du charbon et la réduction du minerai sont activées par un courant d'air produit au moyen d'un soufflet consistant en deux troncs d'arbres creusés et placés verticalement côte à côte ; dans chacun d'eux se meut un piston en bois garni d'étoffe ; en faisant agir alternativement les deux pistons, on obtient un jet de vent continu. Au bout de quelques heures, on retire du creuset une loupe qui est ensuite forgée.

Un haut fourneau permettant de retirer du minerai une plus grande quantité de métal, avait été établi vers 1860 à Mantasoa, par M. Laborde, mais il est abandonné depuis longtemps. Pendant mon séjour, il était question de remettre cette usine en activité et de l'agrandir. MM. Rigaud et Bouts, ingénieurs du gouvernement hova, chargés de la diriger, avaient aussi le projet d'y installer une fonderie.

Le fer est façonné à la forge en barres rondes, carrées ou méplates, en clous, crampons e crochets pour le bâtiment, en outils pour les différents métiers et en ustensiles pour l'agriculture. Le prix de tous ces objets est peu élevé, mais la qualité en est généralement médiocre.

La forge malgache est composée d'un soufflet double à pistons mus à la main ; à la partie inférieure des troncs d'arbres servant de cylindres, se trouvent deux petits tuyaux en bambou qui vont aboutir à une pierre percée d'une ouverture unique, placée, au niveau du sol, devant un feu alimenté par du charbon de bois. L'enclume est un gros morceau de granite ; le marteau est léger et muni d'un manche très court ; le forgeron, accroupi sur ses talons, le tient près de la tête. Dans cette position incommode et avec une façon de travailler aussi imparfaite, il ne développe que peu de force et se trouve obligé de remettre fréquemment la pièce au feu ; elle est donc souvent brûlée.

Or.

On connait depuis longtemps l'existence de mines d'or dans plusieurs parties de Madagascar. Flacourt a signalé quelques points où les indigènes lui avaient dit qu'on en pouvait trouver. A une époque plus récente, M. Grandidier a constaté la présence de poudre d'or dans les sables de plusieurs rivières.

Néanmoins les mines, ou plutôt quelques-unes d'entre elles, ne sont exploitées sérieusement que depuis peu d'années. Les principales se trouvent dans le massif de l'Ankaratra, au centre de l'île, et dans l'Ouest. Elles sont constituées par des sables aurifères contenant des paillettes et de rares pépites, toujours de petite dimension. On les traite de préférence aux filons originaires dans lesquels le métal se trouve associé à des diorites et à du quartz, car, pour être broyées, ces roches exigeraient une installation compliquée et coûteuse.

Je n'ai eu l'occasion de visiter que les mines d'or de Sarobaratra, au Sud de Tananarive. Extraits du lit d'anciens torrents et de ruisseaux, les sables sont simplement lavés à la main dans de grands plateaux en bois, nommés *sivana* (1) dans le pays. Ils sont pauvres et le traitement qu'on leur fait subir n'est pas assez perfectionné pour que le rendement soit élevé. Aussi la quantité d'or recueillie journellement par chaque opérateur est-elle très faible et ne dépasse-t-elle pas généralement quelques gram-

(1) De l'anglais : *Sieve*.

mes. Le gouvernement hova qui exploite à son compte les mines de Sarobaratra n'en retire pas moins des bénéfices, parce que les ouvriers qu'il emploie travaillent par corvée et ne sont ni payés ni nourris. Un particulier ou une société se trouverait dans des conditions d'autant plus différentes qu'il serait forcé d'abandonner 55 0/0 du produit.

D'autres mines sont exploitées de la même façon par le gouvernement à Betafo et à Iaranandriana.

La principale mine d'or de l'Ouest se trouve à Maevatanana sur l'Ikopa ; elle a été concédée à un ingénieur français, M. Suberbie, qui emploie des méthodes moins primitives et traite le minerai au mercure. Le quartz aurifère est broyé par des pilons qu'actionnent des turbines et une machine à vapeur. Il existe actuellement neuf puits et des galeries ayant un développement de 1 600 mètres ; ces galeries d'extraction sont reliées à l'usine par un chemin de fer Decauville et l'établissement communique avec la côte par un service régulier de chaloupes à vapeur.

On évalue à environ deux millions la quantité d'or extraite annuellement du sol de toute l'île.

Métaux divers

Il existe à Madagascar des gisements de différents minerais non encore assez étudiés pour qu'on sache ce qu'ils donneraient industriellement.

Le cuivre se trouve en plusieurs points. La mine d'Ambatofangehena est une des plus riches ; les résultats qu'ont donnés les essais de traitement ont été satisfaisants et l'exploitation en grand est en voie d'organisation.

Au sud de Tananarive, M. Rigaud a découvert un gisement de galène argentifère contenant 30 à 35 grammes d'argent par kilogramme. D'après ce que disent les indigènes, il y aurait aussi des mines d'argent sur le versant oriental, dans la région du lac Alaotra.

On rencontre des minerais de plomb assez abondants dans les massifs métamorphiques situées au Sud-Ouest de l'Imerina, et des minerais de manganèse dans la région montagneuse du centre.

Dans quelques grandes villes, surtout à Tananarive, des ouvriers indigènes fabriquent avec les métaux précieux et principalement avec l'argent provenant des monnaies importées, des objets de bijouterie tels que des bagues, des boucles d'oreilles, des garnitures de tabatière. Le cuivre, extrait en petite quantité et par des moyens primitifs du minerai du pays, ou venant du dehors, est aussi employé pour orner certains objets en fer ou en corne, par exemple des sagaies, des armes, des poires à poudre. Ces ouvrages dénotent chez les ouvriers une certaine habileté manuelle, mais l'invention fait défaut ; les ornements sont presque toujours inspirés de modèles européens.

Les hova font aussi la ferblanterie avec beaucoup d'habileté. Comme les matériaux employés proviennent d'importation, je parlerai plus tard de cette petite industrie.

MATÉRIAUX DE CONSTRUCTION

Pierres.

Le terrain de Madagascar est en grande partie granitique. La pierre abonde donc, surtout dans les régions montagneuses du centre ; c'est du reste seulement dans l'Imerina qu'elle est utilisée pour les constructions.

Dans cette province, le terrain primitif, gneiss ou granite suivant les points, est seulement recouvert d'une mince couche d'argile ;

sur les pentes abruptes des montagnes, la roche se présente à nu ; on l'extrait surtout dans les environs de Tananarive.

Les carrières sont exploitées soit au moyen de mines, soit par un procédé indigène consistant à étendre sur le rocher une couche uniforme de bouse de vache séchée et à la faire brûler lentement. Le premier procédé est employé ponr obtenir des moellons, le second pour avoir des pierres de taille et spécialement des plaques de granite, parfois de grandes dimensions et d'une remarquable régularité d'épaisseur. Les blocs et les dalles dont les Hova se servent dans la construction des tombeaux sont extraits par ce système, auquel sont dûs aussi les énormes monolithes formant les montants des portes de certains villages fortifiés de l'Imerina.

Les pierres employées par les Hova dans leurs constructions sont des gneiss avec des éléments plus ou moins distincts, des granites, dont les variétés les plus répandues sont d'un gris bleuâtre, et des grès granitoïdes contenant comme la roche primitive, du quartz, du feldspath et du mica qui, après avoir été séparés, se sont agglomérés de nouveau. Vers l'Ouest on trouve des diorites et des syénites ; en plusieurs points du versant oriental apparaissent des coulées de basalte, mais, dans ces régions, les constructions indigènes sont d'ordinaire en bois et les matériaux tirés du sol n'y entrent qu'exceptionnellement.

A cause de la difficulté des chemins, chaque sorte de pierre n'est utilisée que dans le voisinage des lieux d'extraction. Même dans ces conditions, les transports sont pénibles. Par exemple, pour mouvoir, en les posant sur des troncs d'arbre qu'on fait rouler, les pierres destinées aux tombeaux qui pèsent quelquefois 2 500 kilogrammes une centaine d'hommes sont indispensables.

Dans les habitations, la pierre sert surtout à faire les soubassements et les colonnes supportant les balcons extérieurs ou varangues. Dans le premier cas, elle est profilée et a une face taillée ; dans le second, elle reçoit une forme ronde, carrée ou plus souvent polygonale et est quelquefois sculptée. La taille est faite au moyen d'outils indigènes. Le granite est relativement facile à travailler quand il vient d'être extrait de la carrière, mais il durcit rapidement sous l'influence de l'air.

A Tananarive, pour les usages courants, la pierre se vend toute taillée par assises de 0^m 30 à 0^m 35 de hauteur et d'une longueur d'un *refy* (1^m 80) ; le prix est d'environ une piastre ou cinq francs, mais varie avec la complication du profil.

Les moellons ont environ $0^m\,20$ de côté et se vendent au nombre ; ils sont, par un ou par deux, transportés au lieu d'emploi sur la tête de femmes. Suivant la distance de la carrière et d'autres circonstances, le prix se modifie. Comme exemple des variations qu'il peut subir je citerai ce fait : au moment où se préparaient les grands approvisionnements de matériaux pour la construction de la nouvelle Résidence générale de France, 15 moellons, amenés à pied d'œuvre, coûtaient d'abord une piastre ; au bout de peu de temps, par la concurrence, on est arrivé à en obtenir 40 ou 45 pour la même somme.

Les tailleurs de pierre travaillant à la journée se paient généralement un *venty* (0 fr. 83). Ils sont assez habiles, mais doivent être constamment guidés ; dès qu'on leur demande autre chose qu'un profil à pousser en ligne droite, ils ont besoin d'un modèle en relief, car ils ne comprennent rien aux dessins, même de grandeur d'exécution.

Terre, Briques, Tuiles.

La plupart des constructions élevées par les Hova sont en pisé de terre. Dans les édifices importants, certaines parties se font en briques crues ou cuites.

L'argile provenant de la décomposition du granite, qui constitue tout le sol de l'Imerina, possède une grande cohésion ; délayée dans l'eau, puis séchée, elle acquiert une dureté remarquable. Pour s'en servir, les indigènes y ajoutent une certaine quantité d'eau, la malaxent et la disposent par assises de 0^m. 60 et d'une épaisseur variant entre 0^m. 50 et 0^m. 70 ; chaque assise doit avoir perdu la plus grande partie de l'humidité que la terre contient avant qu'on en fasse une autre au-dessus. On élève ainsi des murs qui peuvent être assez hauts et auxquels on donne du fruit.

Pour les murs de clôture et, en général, pour toutes les constructions peu soignées, les différentes assises restent apparentes ; d'autres fois, on les recouvre d'un enduit à base d'argile, dans lequel entre de la bouse de vache.

Les missionnaires catholiques ont introduit à Madagascar un mode d'emploi plus perfectionné du pisé en se servant, comme on le fait en Europe, de banches ou de caisses en bois sans fond dont les côtés mobiles sont reliés par des boulons et dans lesquelles on pilonne la terre. Ils ont aussi fait des pièces de pisé isolées, qui, après leur dessication, étaient transportées sur la construction et réunies au moyen d'argile délayée dans l'eau. En employant ces différents procédés, les Jésuites ont élevé, dans leurs établissements de Tananarive et des environs, des bâtiments d'une grande solidité et d'un bon aspect.

Toutes ces constructions en terre résistent bien quand elles sont protégées contre l'humidité du sol par des fondations en pierre, et contre les eaux pluviales par des *toits saillants*; autrement, elles se dégradent rapidement pendant l'hivernage. Lorsque, pour une raison quelconque, les toits ont disparu, les murs se désagrègent en peu de temps sous l'influence des pluies et se transforment en un tas de boue. Il en est de même quand les constructions sont soumises par le bas à l'action de l'eau; j'ai vu souvent dans l'Imerina des villages qu'avaient inondés les crues de l'Ikopa : les murs des maisons, s'ils n'étaient pas complètement effondrés, n'avaient conservé aucune forme.

Les briques sont employées par les Hova soit pour des constructions entières, soit seulement pour certaines parties de bâtiments en pisé, par exemple les pointes des pignons et les encadrements des baies,

Les briques crues sont moulées à la main et faites avec de la terre prise généralement dans le voisinage du lieu d'emploi, délayée avec de l'eau et soumise au marchage ; elles sont ensuite séchées au soleil et peuvent être mises en place peu de semaines après leur fabrication. Les murs construits avec ces briques sont généralement recouverts d'un enduit.

Les briques crues reviennent à environ un *loso* (2 fr. 50) le mille.

Les briques cuites sont surtout employées dans les constructions élevées par les Européens ou sous leur influence. La terre provenant des rizières est triturée, puis moulée et séchée, enfin cuite dans des fours alimentés avec de la tourbe.

Le prix des briques cuites est huit à dix fois plus élevé que celui des briques crues.

Les briques cuites ont ordinairement $0^m,22 \times 0^m,11 \times 0^m,055$; on fait aussi des briques spéciales moulurées pour les corniches et pour les supports des balcons. Les unes et les autres sont poreuses, tendres et perméables à l'humidité ; les arêtes manquent de netteté et de solidité.

En dehors du centre de l'ile, on ne fait pas de constructions en briques. La fabrication de ces produits céramiques pourrait s'étendre, puisque la matière première se trouve presque partout, néanmoins elle n'existe pas sur la côte. Dans l'état actuel des transports, on ne peut songer à y faire parvenir des matériaux tirés de l'intérieur ; aussi quand on a voulu, dans ces dernières années, employer la brique à Tamatave pour des bâtiments qu'on voulait soustraire aux chances d'incendie, a-t-on dû la faire venir de l'étranger par mer.

Les défauts qu'on rencontre dans les briques de fabrication hova viennent principalement de ce qu'elles ne sont pas comprimées après le moulage et de ce que la cuisson en est irrégulière ou incomplète. Ils sont encore plus sensibles et présentent de plus graves inconvénients dans les tuiles.

Ces tuiles sont plates ; leur forme est celle d'un rectangle de $0^m 24$ sur $0^m 12$ ayant une extrémité arrondie ; on les fixe au moyen de chevilles en bois passant dans des trous qui y sont pratiqués. Chaque tuile pèse un peu moins d'un kilogramme et 80 environ sont nécessaires pour couvrir un mètre carré. Leur poids, déjà considérable, est encore augmenté par celui de l'eau que leurs pores absorbent en grande quantité. De plus, elles présentent de fréquentes irrégularités de forme provenant du moulage ou de la cuisson, de sorte que la toiture qu'elles forment laisse toujours passer l'eau.

Au point de vue de la légèreté et de l'étanchéité, les couvertures faites avec le *herana* (1) sont préférables. Les feuilles sont nouées à des baguettes préparées d'avance et posées suivant les lignes du niveau du toit, à 0^m 20 environ les unes des autres, de façon que chaque couche de feuille soit recouverte par une autre. Le prix de cette couverture végétale — environ 0 fr. 50 par mètre — est à peu près le tiers de celui de la couverture en tuiles. Les seuls inconvénients sont d'être facilement combustible et de donner abri à des insectes.

Pendant mon séjour à Madagascar, M. Iribe, ingénieur français, installait une usine de produits céramiques où il devait fabriquer des tuiles à emboitement et à recouvrement.

Bien que les poteries autres que les briques, les tuiles et les carreaux ne fassent point partie des matériaux de construction, j'en dirai ici quelques mots pour n'avoir plus à revenir sur ce sujet.

Les Hova et les habitants de certaines pro-

---

(1) *Cyperus latifolius*.

vinces fabriquent avec l'argile des vases destinés à contenir les liquides, les grains ou à servir aux usages domestiques. Ces poteries sont de très mauvaise qualité et doivent être fréquemment renouvelées. Tendres et perméables, même quand — chose rare — elles sont recouvertes d'un vernis, elles résistent surtout mal au feu.

Ces défauts viennent plutôt de la fabrication et de la cuisson que de la terre employée ; avec des procédés plus perfectionnés, on peut obtenir de bons produits. C'est ce qu'on fait maintenant dans l'usine d'Andranilatra dont je viens de parler ; depuis la fin de 1892, époque à laquelle la première fournée a été cuite, elle fournit à la consommation indigène des plats, des assiettes, des pots, des casseroles et d'autres ustensiles de ménage. Tous ces objets ont un débit assuré dans l'Imerina.

Chez les peuplades de l'Est, les poteries sont peu répandues. Les assiettes et les vases qu'on trouve dans les villages de la côte proviennent d'importations. Les plats indigènes sont en bois et les récipients qui servent à contenir les liquides en bambou.

Chaux, Mortiers

Les calcaires sont peu abondants à Madagascar ; ceux de formation sédimentaire ne se rencontrent que dans l'Ouest, aux environs de Mojanga. Dans le centre on trouve au Sud-Est de Tananarive, au milieu du terrain granitique, quelques noyaux de cipolin qu'on exploite pour fabriquer de la chaux. On emploie aussi pour le même usage les tufs calcaires d'Antsirabe. Le produit obtenu dans les deux cas est impur et de qualité médiocre. En même temps, par suite de son transport jusqu'à la capitale qui est le principal lieu d'emploi, il y atteint un prix élevé.

Quoique la matière première soit défectueuse, on pourrait, en soignant la fabrication, obtenir de meilleurs produits que ceux qui servent aujourd'hui. C'est le résultat auquel est déjà arrivé M. Iribe en installant des fours à chaux dans son usine située à quelques kilomètres de Tananarive.

Sur la côte orientale, on a tenté de fabriquer de la chaux avec les coraux et le calcaire polypier des atolls. Comme, dans ces parages, la plupart des constructions se font actuellement en bois, la solution du problème y a beaucoup moins d'importance que dans l'Imerina où les maçonneries sont d'un usage général.

Dans le centre, le mortier se fait avec le sable de rivière tamisé.

Les enduits intérieurs et extérieurs sont formés d'un mélange d'argile, de bouse de vache et quelquefois d'un peu de chaux. Ils sont de bonne qualité et résistent bien ; les ouvriers indigènes les appliquent avec adresse, notamment sur les plafonds. Ces enduits ne peuvent pas servir à trainer des moulures.

Les plafonds et les murs intérieurs sont badigeonnés avec de l'argile blanche en suspension dans l'eau de riz. La teinte obtenue est très uniforme, mais elle n'offre qu'une faible résistance au frottement. A l'extérieur, on recouvre les enduits d'un badigeonnage à base d'argile rouge.

J'ai donné précédemment le prix de la journée des tailleurs de pierre à Tananarive. Lorsqu'ils sont habiles, les autres ouvriers du bâtiment reçoivent à peu près le même salaire. Quant aux manœuvres, les hommes sont payés en moyenne 0 fr. 40 par jour et les femmes 0 fr. 30 ; presque tous les transports de matériaux sont faits par elles.

Combustibles minéraux

Il n'a jamais été découvert de combustibles minéraux dans le centre et dans l'Est de l'ile, et la nature du terrain ne permet pas d'espérer qu'on en trouve plus tard dans ces régions. Les seuls gisements de houille qui aient été signalés jusqu'à présent sont situés dans le Nord-Ouest. Ils paraissent absolument inexploitables à cause de la faible puissance des couches; mais si l'on continue les recherches de ce côté, peut être en rencontrera-t-on d'autres.

La tourbe, de formation contemporaine et d'origine végétale, n'est extraite qu'en quelques points. Celle qui sert à la cuisson des produits céramiques vient des vallées où coulent des affluents de l'Ikopa.

Minéraux divers

Madagascar produit quelques pierres précieuses, mais non d'assez belle qualité pour qu'on puisse en tirer partie au point de vue commercial. Ainsi les grenats de l'Ankaratra sont décomposés et ne supportent pas la taille.

Les améthystes, les rubis et les saphirs n'ont pas non plus grande valeur. Les tourmalines noires sont un peu plus recherchées.

Le cristal de roche est assez répandu ; on l'exploite dans plusieurs localités et notamment dans les environs de Vohimarina, sur la côte Est. Les négociants qui l'exportent l'achètent aux indigènes à raison de 2 fr. le kilogramme environ.

PRODUITS VÉGÉTAUX

Bois

Le massif central de Madagascar est entouré d'une ceinture de forêts. Sur le versant oriental, cette ceinture est double : la première zone n'est guère éloignée de la mer et arrive jusqu'à elle en certains points, par exemple dans le voisinage de la baie d'Antongil ; la seconde couvre les pentes des montagnes. Si des bois ont jamais existé au centre, ils ont disparu depuis longtemps ; dans l'Imerina, les grands arbres, même isolés, sont rares et on peut voyager plusieurs jours sans en rencontrer ; la forêt la plus rapprochée de Tananarive est à une distance de 40 kilomètres.

Sur la côte, l'espace qu'occupent les bois

tend à diminuer, par suite de l'habitude malgache de les brûler pour obtenir des terrains propres à la culture. Cet usage peut fâcheusement modifier le climat.

Les forêts renferment une grande variété d'essences. Je n'en citerai que quelques-unes. Parmi les bois employés dans la construction pour les charpentes et les planchers se trouvent le *varongy* (1) qui atteint de grandes dimensions et qui offre beaucoup de résistance, le *voamboana* (2) ou palissandre de Madagascar dont on tire des poutres de bonne qualité, l'*hitsikitsika* (3) et le *vintanina* (4) servant à faire les poteaux des cases, l'*ambora* presque incorruptible. Quant au *manga* (5), ou manguier, qui a été importé on le cultive en vue de ses fruits, mais il fournit aussi un bois solide convenant à la charpente. Pour la menuiserie et l'ébénisterie on emploie l'*hazomena* (6) de teinte rouge et très dur, l'*hetatra* (7) semblable au sapin et servant à faire les portes et les fenêtres, le *mango*, bois rouge utilisé pour la

(1) *Ocotea tricophlebia.*
(2) *Dalbergii Baroni.*
(3) *Colea Telfairex.*
(4) *Calophyllum spurum.*
(5) *Mangifera Indica.*
(6) *Hazo*, bois; *mena*, rouge. — *Weinmannia Rutenbergii.*
(7) *Podocarpus Thunbergii.*

confection des meubles, l'*hazondrano* (1), bois blanchâtre et léger dont sont faits les brancards des filanjana, l'*hazomainty* (2), bois noir analogue à l'ébénier, le *vandrika* (3), bois jaune et dense. Le *harahara*, le *bibasy* (4), le *zahana* (5) et quelques autres espèces servent à faire des manches d'outils et différents ustensiles.

En dehors de la zone forestière et dans le voisinage de la mer, les bois employés pour la construction des cases sont le ravinala et le rofia. Le premier pousse seulement dans la région côtière ; son tronc fendu en plusieurs morceaux, fournit la carcasse de l'habitation ; son écorce le plancher, ses feuilles la couverture, et les côtes de ces mêmes feuilles, la membrure du toit. — Le second, d'où se tire une fibre dont je parlerai plus loin, a les mêmes usages ; son bois, très léger, sert aussi à faire des échafaudages et des échelles.

Plusieurs variétés de bambous, — *volo*, en malgache, — croissent en abondance dans les forêts et sur le littoral ; elles sont employées à

---

(1) *Hazo*, bois ; *rano*, eau.
(2) *Hazo*, bois ; *mainty*, noir.
(3) *Crapidospermum verticellatum*.
(4) *Eriobotrya Japonica*. — Le nom malgache vient du créole.
(5) *Phyllarthron Bojerianum*.

latter les toits, à confectionner des bao pour le transport des marchandises, des récipients pour les liquides, des *valiha* (1), des tabatières et d'autres petits objets.

Au marché du Zoma, on trouve la plupart des bois de construction débités en solives, en chevrons et en planches, mais d'une façon absolument défectueuse. Les bûcherons hova ne se servent que de la hache et pas de la scie ; à moins qu'il n'ait un diamètre considérable, ils ne retirent d'un arbre qu'une poutre ou qu'une planche ; une fois façonnée, ils la mettent sur l'épaule et la portent à Tananarive pour la vendre. Comme la distance est longue, les bûcherons ont intérêt, pour diminuer leur fatigue, à réduire le poids de la pièce transportée ; dans ce but, au lieu de lui donner une section rectangulaire, ils la taillent suivant un profil doublement concave ; de cette façon, la pièce de bois, ayant une certaine épaisseur sur les bords, offre l'apparence de la solidité ; mais, au milieu, l'épaisseur se trouve souvent réduite à quelques millimètres.

Les solives ont ordinairement $0^m.25$ de largeur et $0^m.07$ d'épaisseur sur les bords ; elles

---

(1) Instrument de musique. Des filaments d'écorce restant attachés aux extrémités et soulevés par des chevalets forment les cordes.

se vendent de 6 à 9 fr. pour une longueur variant entre 5 mètres et 7^m.50. Cette dimension est rarement dépassée, et on a de la peine à se procurer des bois plus longs ; aussi ne doit-on pas, dans les projets de constructions à Tananarive, donner aux salles plus de 7 mètres de de largeur. On doit aussi, pour les grandes portées, étrésillonner les planches, afin d'éviter le flambement des solives trop minces.

Pour la menuiserie et les parquets, les planches de 0^m.02 à 0^m.03 d'épaisseur valent environ 2 fr. 50 le mètre carré. Elles sont généralement courtes.

Les forêts de l'intérieur ne fournissent actuellement qu'une petite quantité de bois mal débité et souvent impropre aux usages auxquels il est destiné. En se servant de la scie de long, on arriverait facilement à un meilleur rendement ; il faudrait, de plus, aménager les parties des forêts qu'on exploite, afin de ne pas les détruire.

D'une manière générale, l'exploitation des forêts est rendue presque impossible par le manque de moyens de communication. On ne peut donc songer à l'entreprendre que dans le voisinage de la mer pour l'exportation et à l'intérieur de la deuxième zone pour l'approvisionnement de la capitale.

Depuis 1886, plusieurs concessions pour l'exploitation des bois sur la côte orientale ont été accordées par le gouvernement hova moyennant une part du produit brut s'élevant jusqu'à la moitié. Les bois exportés supportent en outre les droits de douane montant à 10 0/0. Jusqu'à présent ils ont surtout été envoyés à Maurice ; en 1890, Port-Louis en a reçu pour une valeur de 47 000 roupies (1) ; la majeure partie de ces arrivages, formée d'ébène et de bois de la même catégorie a été réexpédiée en Angleterre (2).

Une société anonyme française, la Compagnie forestière de Madagascar, au capital de 500 000 fr. est actuellement propriétaire, dans la baie d'Antongil, d'une concession accordée le 28 novembre 1888, à M. Chastellier, de l'île Maurice, et ayant, selon la mesure anglaise, 30 milles du Nord au Sud et 40 milles de l'Est à l'Ouest. Parmi les bois que cette société exploite et dont elle a envoyé de beaux échantillons à l'Exposition des sciences appliquées à l'Industrie qui a eu lieu à Paris en 1890, je citerai : l'*inzy*, connu dans le commerce sous le nom de teck de Madagascar ; le *tatamaka* em-

---

(1) La valeur réelle de la roupie pendant cette année a oscillé entre 1 fr. 71 et 2 fr. 07.

(2) *Commerce et navigation de l'île Maurice en 1890*, par Drouin, consul de France.

ployé, à cause de sa légèreté, dans la construction du matériel roulant ; le palissandre rouge ou noir, semblable à celui de Bahia ; l'*andrevola*, de couleur jaune, pouvant remplacer le buis et le citronnier ; le *longotra* rouge chiné ; le *lalona* (1), rouge légèrement vineux. Ces derniers bois et quelques autres remarquables par leurs teintes sont recherchés dans l'ébénisterie.

Dans la même région se trouvent aussi les importantes concessions de la société Kingdon et de M. Coureau.

Sur d'autres points de la côte, notamment à Fort-Dauphin, dans le Sud, les commerçants achètent les bois aux indigènes et les exportent.

Dans le voisinage du centre, il n'existe pas encore d'exploitations forestières dirigées par des Européens. Comme l'Imérina renferme des centres de consommation importants, je crois que celles qu'on installerait, pour fournir de la matière première aux ouvriers indigènes, donneraient de bons résultats. La forêt la plus rapprochée de Tananarive est celle d'Ankeramadinika, sur la route de Tamatave qui, à partir de ce point jusqu'à la capitale, est assez praticable ; il n'y aurait donc pas de sérieuses diffi-

(1) *Weinmannia Bojeriana.*

cultés pour le transport de pièces de bois auxquelles, le plus souvent, on ne donnerait que des dimensions peu considérables.

On trouve à Tananarive des ouvriers travaillant bien le bois. Les anciennes cases de l'Imerina étaient quelquefois vastes et élevées; on s'explique que les Hova aient acquis, en les construisant, de l'expérience et de l'habileté. Toutefois pour les ouvrages d'une certaine importance, on doit les surveiller de près, tracer tous les assemblages de charpente et en diriger l'exécution.

Les charpentiers et les menuisiers travaillent avec des outils indigènes et avec des outils d'importation; mais ils ne savent pas bien se servir de ces derniers. Souvent c'est par un travail long et patient qu'ils exécutent certaines parties de leurs ouvrages, qu'ils feraient plus vite et avec moins de peine s'ils employaient un outillage perfectionné. Ainsi, pour les parquets, les rainures et les languettes des frises sont faites par les Hova au ciseau et à la gouge au lieu d'être poussées avec un rabot spécial.
— Dans ces conditions, les travaux soignés qu'on fait exécuter par les ouvriers du pays demandent beaucoup de temps, mais ils peuvent atteindre une certaine perfection. Comme

exemple de ce qu'on peut obtenir d'eux, je citerai certaines parties de la menuiserie du palais de la Résidence générale et dans le même palais, certains meubles sculptés, d'après des modèles français, et ayant bon aspect.

Une particularité singulière de la menuiserie indigène, c'est qu'en général les objets entrant dans les constructions ne sont pas exécutés *à la demande*, mais sont préparés d'avance d'après les mesures les plus ordinaires. Les portes, les fenêtres et les persiennes se vendent toutes faites au marché du Zoma ; le propriétaire les achète avant de bâtir sa maison et fait pratiquer les baies en conséquence. Pour peu que les objets analogues soient de modèles variés, cette habitude produit dans les constructions des irrégularités tout à fait bizarres.

Les meubles usuels, tables, chaises, bancs, armoires, lits, établis d'après des modèles européens plus ou moins modifiés, se vendent aussi au Zoma et dans les principaux marchés. Leur prix est peu élevé, mais la qualité est médiocre par suite de la défectuosité des assemblages.

Caoutchouc.

Le caoutchouc est un des plus importants articles d'exportation de Madagascar. Il provient d'une liane appartenant à la famille des Euphorbiacées (1). Les indigènes nomment cette liane *fingotra* et la trouvent dans les forêts. Au lieu d'inciser seulement l'écorce, les Malgaches coupent les parties de la plante qu'ils peuvent atteindre et les emportent avec la racine. Par ce procédé barbare, une grande quantité de caoutchouc est perdue et le pied est détruit, de sorte que, si ce système est encore continué quelques années, la source de la production ne tardera pas à se tarir.

Les lianes, coupées par morceaux de 0 m. 45 à 0 m. 50 de longueur sont placées debout dans un baquet où s'écoule le latex du caoutchouc ; les indigènes le font coaguler avec du jus de citron, du suc de tamarin ou une solution de sel. L'acide sulfurique donne de meilleurs résultats, mais son usage est peu répandu.

Le caoutchouc est livré au commerce sous forme de boules d'un diamètre variable, ayant à l'extérieur une couleur brune foncée et intérieurement une teinte jaune fauve. Il contient beaucoup d'impuretés, ajoutées souvent intentionnellement pour en augmenter le poids.

Les exportateurs de caoutchouc rencontrent

---

(1) *Vahea gommifera Madagascariensis.*

de plus en plus de difficultés sur la côte orientale pour se procurer cette marchandise dont le débouché est toujours assuré. Cela tient à plusieurs causes. D'abord le système vicieux employé pour la récolte a presque épuisé les forêts voisines de la côte et force à aller chercher au loin, dans l'intérieur, les lianes de régions inexploitées encore ; de plus, beaucoup de bois ont été et sont constamment détruits par le feu; enfin, les concessionnaires des forêts interdisent la recherche du caoutchouc dans les territoires qui leur ont été accordés ou ne l'autorisent qu'à la condition que le produit recueilli leur sera vendu à des prix fixés arbitrairement et trop peu rémunérateurs pour les indigènes.

On a découvert récemment dans le Sud une nouvelle espèce de caoutchouc : la sève se coagule spontanément au contact de l'air et les indigènes en font des boules pesant de 1 à 2 kilogrammes. Ce produit n'a été trouvé jusqu'à présent qu'au delà du 23e degré de latitude et il est surtout abondant sur le marché de Fort-Dauphin. En 1890, les 100 livres y valaient de 60 à 80 francs et, comme elles se revendaient environ 250 fr. à Tamatave, certains négociants ont réalisé en quelques mois des gains considérables ; aujourd'hui, de nombreux acheteurs étant venus s'installer sur les lieux de production, les prix sont plus élevés mais laissent encore des bénéfices notables.

Snr la Côte Ouest où la population est disséminée et peu travailleuse, le caoutchouc, sauf à Mojanga, ne donne pas lieu à des affaires régulières.

Les Américains ont été, pendant la guerre franco-hova, les principaux acheteurs du caoutchouc ; ils gardent encore entre les mains la plus grande partie de ce commerce, mais actuellement des expéditions importantes sont aussi dirigées sur Londres et sur Marseille.

Le prix du caoutchouc varie suivant les points (1). C'est à Tamatave qu'il est le plus élevé. Au commencement de 1892, il atteignait 227 fr. 80 les 100 liv. et, en Juillet, 255 fr.

La valeur totale de l'exportation annuelle du caoutchouc par les ports de la côte Est est d'environ 1 200 000 fr.

Gomme copal.

La gomme copal est le produit résineux d'un arbre (2) appartenant à la famille des Légumi-

---

(1) Pour les années postérieures à 1889, les renseignements relatifs au prix des marchandises ont été puisés dans les mercuriales publiées par le *Progrès de l'Imerina*.
(2) *Hymenea verrucosa*.

neuses. La résine suinte de presque toutes les parties de l'arbre et sort en plus grande quantité par des incisions qu'on pratique sur le tronc ; on en trouve aussi dans la terre, entre les racines ; c'est même celle qu'on estime le plus dans le commerce, à cause de sa dureté qui la rapproche de la gomme copal fossile venant de certains pays. Des commerçants m'ont dit que les indigènes brûlent quelquefois les copaliers pour faire refluer la résine dans les racines, mais je n'ai vu nulle part cette pratique en usage ; si elle existe, elle est d'autant plus fâcheuse que les copaliers mettent de longues années à croître. Quoi qu'il en soit du motif, beaucoup de ces arbres, autrefois très nombreux sur la côte, ont été incendiés, mais ils l'ont été avec les autres espèces forestières, les Malgaches ayant, comme je l'ai dit, l'habitude de défricher par le feu les espaces qu'ils veulent cultiver.

La gomme copal achetée aux indigènes qui l'ont recueillie est triée chez les commerçants et classée en différentes sortes d'après la dureté et la teinte. Les résines les plus blanches et les plus dures sont celles qui sont les plus appréciées et servent à faire les meilleurs vernis.

Les copaliers sont ordinairement réunis en groupes situés dans le voisinage de la mer et, souvent, entre celle-ci et les lagunes. Le plus important que j'aie vu se trouve au Nord de Mahanoro, près d'un village de 70 cases environ nommé Tandroho (nom du copalier en malgache. Les arbres ont 8 à 10 mètres de hauteur et forment un bois très étroit, parallèle à la côte et long d'un kilomètre. L'extraction de la gomme est la principale occupation de toute la population du village.

Le prix de la gomme copal était, au commencement de 1889, à Tamatave, de 24 à 30 piastres (120 à 150 fr.) les 100 livres et de 30 à 38 piastres (150 à 190 fr.) en 1891. Le prix est généralement plus bas dans les autres ports.

L'exportation se fait surtout par Tamatave à destination de l'Angleterre. Pour l'ensemble de la côte Est, elle ne monte pas actuellement à plus d'une quarantaine de mille francs.

Il existe, paraît-il, beaucoup de copaliers sur la côte Ouest, mais, jusqu'à présent, ils ne sont pas exploités.

On peut rapprocher de la gomme copal d'autres résines employées par les indigènes pour faire des vernis diversement colorés. Si elles étaient étudiées par des spécialistes, on pourrait probablement les utiliser en Europe.

Orchidées

Parmi les produits secondaires des forêts, figurent les orchidées et les aroïdées, très abondantes et exportées comme plantes ornementales. Quelques-unes atteignent en Europe un prix élevé ; les collecteurs qui ont exploré à ce point de vue spécial les forêts de Madagascar ont réalisé en peu de temps d'importants bénéfices.

Les plantes sont recueillies avec une partie de l'humus où elles puisent leur nourriture, enveloppées de mousse et dirigées le plus rapidement possible vers un port, d'où elles sont expédiées en Europe dans des caisses-jardinières vitrées. Un des marchés les plus importants est à Anvers.

Plantes alimentaires

Riz

Le riz constitue la base de la nourriture de la majorité des Malgaches. Partout où le terrain le permet, cette céréale est cultivée.

Il en existe à Madagascar un grand nombre de variétés différant seulement par la coloration, la forme et la dimension des grains, ou par des particularités de la tige et des feuilles. On n'en compte pas moins de 22. Sans entrer dans ce détail, on peut en distinguer deux principales : le riz blanc et le riz rouge.

Pour la culture, on emploie deux méthodes, suivant qu'on fait pousser le riz dans des rizières occupant les vallées ou sur les hauteurs. Certaines variétés conviennent spécialement dans chacun de ces cas.

Le premier système, en usage surtout dans le centre, est celui des Hova ; par de grands et ingénieux travaux d'irrigation, ils ont transformé en de riches rizières les vallées des nombreux petits cours d'eau de l'Imerina. Le ruisseau dont on dispose est canalisé sur l'un des côtés de la vallée et l'eau qu'il fournit est distribuée sur des terrasses étagées, séparées les unes des autres par de petites levées en terre ; un canal de décharge est ménagé de l'autre côté. Cette disposition permet, en ouvrant ou en fermant quelques brèches dans les levées séparatives, d'avoir sur le champ de l'eau courante ou stagnante et de les mettre à sec, suivant les nécessités de la culture et de la récolte. Le sol de la rizière est profondément défoncé, puis le riz, qui a été semé en pépinière dans un coin de terre préparée avec soin, y est repiqué; en même temps on introduit l'eau; une couche de 0ᵐ.15 à 0ᵐ.20 est maintenue, presque sans interruption, jusqu'au moment où la rizière est complètement asséchée pour la récolte. — Quelquefois le riz est semé directement dans la rizière, qu'on fait piétiner par des bœufs pour pétrir la terre et enfoncer convenablement la semence.

La culture sur les coteaux, pratiquée par les Malgaches du littoral, est beaucoup moins perfectionnée et donne des produits de qualité inférieure; en effet, le riz ne germant et ne végétant qu'à la faveur des pluies de l'hivernage, se trouve dans des conditions moins favorables que lorsqu'il est planté dans un sol constamment imbibé d'eau. Après avoir choisi un terrain, les indigènes le préparent simplement en brûlant les herbes ou les arbres qui le recouvrent, puis, avec un bâton épointé, ils font des trous dans lesquels ils mettent des graines et un peu de terre au-dessus. Quand quelques récoltes ont épuisé le sol, le champ est abandonné. Pour en avoir un autre, on incendie encore une parcelle de la forêt. Désastreux par ses effets généraux, ce système de déboisement ne donne même pas de bons résultats pour la culture en vue de laquelle il est employé. Cette culture se restreint, parce que les terrains neufs deviennent rares, parce qu'il faut aller de plus en plus vers l'intérieur pour en trouver. La production du riz, qui surpassait autrefois la consommation locale, y suffit à peine maintenant ; les exportations pour Maurice et la Réunion, assez considérables avant la guerre franco-hova, ne se font plus, et en petite quantité, que les années exceptionnelles.

Dans le centre comme dans les régions côtières, le riz est récolté par bottes ou par petites gerbes qui, après avoir été séchées, sont frappées sur une pierre ou sur un tronc d'arbre, afin de détacher le grain de l'épi. On a ainsi le riz en paille, couvert encore de ses téguments. Les indigènes le gardent d'habitude en cet état jusqu'au moment où il est consommé.

Pour conserver le riz, les Hova l'enferment, en le tassant dans des silos nommés *lavabary* (1). Creusés au milieu du sol argileux, ces silos ont une ouverture étroite, tenue soigneusement fermée par un tampon luté avec de la terre délayée, et vont en s'élargissant vers le fond. A Tananarive, une ou plusieurs fosses à riz existent dans la cour de chaque maison.

Chez les Malgaches de la côte, le riz est emmagasiné dans des greniers consistant en de

---

(1) *Lavaka*, trou ; *vary*, riz.

petites cases construites en charpente, comme celles qui servent d'habitations, mais élevées au-dessus du sol sur de hauts piliers munis à la partie supérieure d'un large chapiteau en forme d'entonnoir aplati destiné à arrêter les rats. Ces greniers, nommés *trano-ambo*, (1) se dressent au centre des villages ou en dehors, mais toujours à une certaine distance des habitations pour éviter les chances d'incendie. Cette précaution n'est pas inutile, surtout durant la saison sèche, dans une contrée où toutes les cases sont construites en matériaux très combustibles. A une journée de marche de Mahanoro, j'ai traversé un village important, Beparasy, qui, peu de temps auparavant, avait été complètement détruit par le feu, sauf les greniers à riz que leur isolement avait préservés.

Le riz est décortiqué par la méthode du pilage. Le mortier dont se servent les indigènes varie de forme et de dimensions suivant les provinces. Sur le littoral, l'ustensile, toujours en bois, a une cavité peu profonde et à peine plus étroite en bas qu'en haut. Chez les Hova, le mortier est quelquefois en pierre; le creux se rétrécit graduellement vers le fond et se termine en pointe; avec cette forme, les grains se

(1) *Trano*, maison; *ambo*, élevée.

brisent moins sous l'action du pilon. Celui-ci est en bois et a environ deux mètres de hauteur. Par le pilage, 100 kilogrammes de riz en paille donnent 65 kilogrammes de riz blanc. Le rendement se réduit à 56 % en moyenne après que toutes les impuretés ont été enlevées par le vannage.

Une usine pour la décortication du riz destiné à l'exportation existait autrefois à Mahanoro; elle a été détruite pendant la guerre et n'a pas été rétablie.

Ce prix du riz est très variable suivant les régions et l'abondance de la récolte. Au mois de Novembre 1892, sur le marché de Tananarive, le riz décortiqué blanc se vendait 2 fr. 10 la *vata* de 39 livres, le riz décortiqué rouge 1 fr. 85. A la même époque, à Tamatave, le prix était sensiblement plus élevé. En 1893, une forte hausse s'est produite à la suite du cyclone du mois de Février par lequel beaucoup de récoltes ont été anéanties sur la côte comme dans l'intérieur.

Malgré le bas prix du riz dans l'Imerina, seule région où la culture pourrait en être développée, on ne saurait l'envoyer à la côte pour l'exporter; les conditions actuelles des transports s'y opposent; les plus avantageuses sont applicables au riz, puisque cette marchandise peut se fractionner à la convenance des porteurs et n'exige pas d'emballage coûteux. Or, en comptant 12 fr. 50 pour le salaire d'un homme descendant 50 kilogrammes à Tamatave, le transport revient à 0 fr. 25 par kilogramme. Si on ajoute cette somme au prix d'achat et si on tient compte du frêt, on arrive à un prix élevé pour le riz rendu sur les marchés d'outre-mer. Il faut dire aussi que le transport maritime de grandes quantités de riz à de longues distances offre des difficultés, imparfaitement résolues jusqu'à présent, à cause des fermentations spontanées, presque inévitables dans une navigation au milieu des mers tropicales.

La paille de riz est employée pour la couverture des cases dans certains villages et pour la fabrication de différents ouvrages de vannerie, notamment de chapeaux.

Blé

Le blé — *varimbazaha* (1) en malgache — n'est cultivé que dans l'Imerina et dans la province des Betsileo. Il ne réussit qu'à partir

---

(1) *Vary*, riz; *vazaha*, étranger. — Le mot français ne traduit qu'imparfaitement le mot *vazaha*, qui est d'un usage fréquent à Madagascar : c'est le nom générique des nations étrangères, surtout de celles appartenant à la

d'une certaine altitude et que dans des terrains convenablement choisis.

Cette culture a été essayée seulement il y a quelques années par l'initiative des missionnaires catholiques et pour leurs besoins. Elle s'est développée en même temps qu'augmentait la population européenne dans le centre et elle suffira bientôt à sa consommation. Comme le blé n'entre pas dans l'alimentation indigène, comme, d'un autre côté, on ne peut l'exporter, l'avenir de cette culture, à moins d'un changement dans les habitudes des Malgaches ou d'une immigration étrangère considérable, est forcément limité.

Maïs

Le maïs, appelé à Madagascar *katsaka*, est cultivé dans diverses parties de l'île, mais en petite quantité. Plusieurs variétés y réussissent également bien. Si la culture du maïs était développée, elle améliorerait l'alimentation indigène dans les régions où le riz ne donne pas de produits suffisants.

race blanche ; c'est le qualificatif des objets ou des usages introduits par elles ; il s'applique à tout ce qui paraît aux Malgaches se rattacher à des civilisations supérieures.

Manioc

Le manioc — *ma..gahazo* (1) en malgache — arbrisseau de la famille des Euphorbiacées, pousse à l'état sauvage dans certaines parties de Madagascar ; il est cultivé dans presque tous les villages du versant oriental et de l'Imerina et il prospère aussi bien sur le littoral que sur les terrains élevés.

Le manioc fournit une racine tuberculeuse comestible qui entre pour une large part dans l'alimentation indigène. Les variétés cultivées à Madagascar sont des maniocs doux, qui ne contiennent pas, comme celles d'autres pays, de sucs plus ou moins amers et vénéneux qu'il soit nécessaire d'éliminer par la fermentation et la compression avant la cuisson. Celle-ci se fait simplement dans l'eau bouillante.

Le manioc se reproduit par bouture. Des tronçons de tige, coupés sur des plants déjà forts sont enfoncés à une faible profondeur dans la terre ameublie à la bêche. Au bout de deux ou trois années, l'arbuste a atteint une hauteur d'environ $2^m.50$ et a acquis assez de développement pour qu'on puisse arracher les tuber-

---

(1) *Manga*, excellent ; *hazo*, bois.

cules, qui sont ordinairement au nombre de trois. Cette récolte se fait à mesure des besoins. Un champ renfermant des plantes de différents âges n'exige qu'un faible travail pour être maintenu dans un état de rapport constant.

On trouve à Madagascar une variété hâtive qui atteint de grandes dimensions et donne des produits qu'on récolte la première année de la plantation.

En râpant et en délayant dans l'eau la racine de manioc, on en extrait une fécule qui, granulée et séchée sur des plaques métalliques chaudes, sert, comme on le sait, à préparer le tapioca. Si cette fabrication était établie à Madagascar ainsi qu'elle l'est maintenant à la Réunion, le manioc deviendrait l'objet d'une culture industrielle importante.

Plusieurs autres plantes, telles que les patates, les songes, etc., fournissent aussi des racines tuberculeuses qui entrent dans l'alimentation des indigènes et des Européens.

Légumes, Fruits

D'autres légumes, inutiles à énumérer, sont cultivés dans certaines parties de l'île et surtout dans l'Imerina. A cause de son altitude, cette province convient spécialement aux légumes d'Europe. Ils y ont été acclimatés et on les trouve en abondance sur le marché de Tananarive. Si les légumes indigènes sont aussi, dans l'Imerina, meilleurs et plus nombreux que partout ailleurs à Madagascar, c'est uniquement parce que les Hova se donnent la peine de les faire pousser et non à cause d'une particulière fertilité du sol, lequel est, au contraire, plus aride et plus mauvais que celui de la plupart des autres régions.

Parmi les légumes indigènes, les seuls qu'on exporte sont les gros haricots connus sous le nom de *pois du cap (phaseolus Capensis)*. On les récolte surtout dans le Sud ; les expéditions pour Maurice et La Réunion se font directement par les ports de cette région. Mananjary en exporte annuellement environ 25 000 kilogrammes.

En général les arbres fruitiers européens réussissent mal. Même dans le centre où le climat n'est pas trop chaud, ils ne tardent pas à dégénérer et à donner des produits de mauvaise qualité, sans aucune saveur. Néanmoins le figuier et le pêcher — ce dernier surtout — se sont bien acclimatés.

Les fruits indigènes et les fruits tropicaux introduits à diverses époques sont nombreux. Parmi ceux qu'on recueille à peu près partout, mais là surtout où on donne des soins aux plantations, je citerai les ananas, les bananes de diverses espèces, les mangues, les bibasses, les citrons, les oranges. Quelques arbres fruitiers tropicaux ne viennent bien que sur la côte : le pamplemoussier, le jacquier, l'avocatier et le letchi — celui-ci importé assez récemment — se trouvent dans ce cas.

Les fruits sont généralement bons. Certaines espèces, par exemple les oranges, qui ont peu de jus, un parfum médiocre et une peau épaisse, pourraient certainement être améliorées par la culture et par la greffe.

Les fruits n'ont pas d'autre emploi que ceux qu'ils trouvent dans la consommation locale. On a essayé, paraît-il, de fabriquer sur place de l'acide citrique avec les nombreux citrons du littoral, mais la tentative a été abandonnée. — Certains fruits pourraient servir à la préparation de conserves à exporter ainsi, qu'on doit le faire dans l'usine installée à Diego-Suarez, — D'autres, comme l'ananas, qui pousse si facilement qu'il n'a qu'une faible valeur, pourraient, dans des conditions économiques, être employés à la fabrication de boissons fermentées ou de l'alcool.

Canne à sucre

La canne à sucre, que les Malgaches nomment *fary*, pousse presque spontanément à Madagascar. Cultivée par les indigènes, des plantations en ont aussi été faites depuis longtemps par les colons.

L'espèce répandue dans l'île est très saccharifère. Les plants ont une longue durée : les cannes subissent un nombre considérable de coupes sans renouvellement des souches.

Sur la côte orientale, le jus de la canne à sucre est employé par les Malgaches à la préparation d'une boisson nommée le *betsabetsa*. On extrait le jus au moyen d'un grossier moulin : sur deux solides supports est fixé un morceau de bois creusé d'une rigole terminée par un bec ; au-dessus roule un tronc d'arbre auquel on donne à la main un mouvement de va-et-vient en le tenant par des taquets dont il est muni. Les fragments de cannes interposés sont soumis à une pression trop faible ; aussi ne recueille-t-on qu'une petite partie du jus sucré.

Dans l'Imerina, les Hova fabriquent avec le jus de la canne, qu'ils concentrent et font cristalliser, un sucre grossier nommé *siramamy* (1).

(1) *Sira*, sel; *mamy*, doux.

Ce produit se vend sur tous les marchés. Il se présente sous la forme de galettes aplaties d'une couleur foncée dûe à la grande quantité de mélasse qui reste entre les grains de la cassonnade agglomérés par la pression. Ce sucre indigène, obtenu par des moyens primitifs, est impur et contient des débris filamenteux de la canne, mais la saveur n'en est pas désagréable.

Par la fermentation et la distillation des jus sucrés extraits de la canne, les Hova obtiennent aussi une liqueur alcoolique presque incolore qu'ils aromatisent en y faisant infuser diverses plantes. Il la nomment *toaka gasy* (1).

Depuis environ un demi siècle, on a essayé à plusieurs reprises d'établir à Madagascar l'industrie sucrière, mais jusqu'à présent elle n'a pas pris un grand développement. Les premières tentatives ont été faites dans le Sud-Est par des créoles de la Réunion et ont été poursuivies pendant plusieurs années avec le concours — intéressé, bien entendu, — du gouvernement hova. Plus tard, d'autres sucreries ont été installées sur divers points de la côte, particulièrement à Tamatave, à Melville, à Mahanoro, à Manan-

---

(1) *Toaka*, rhum; *gasy*, malgache. On le qualifie ainsi pour le distinguer du rhum d'importation nommé *toaka mena* à cause de sa couleur (*Toaka* rhum; *mena* rouge).

jary ; il a même été question, à une certaine époque, d'établir une grande usine centrale à Andovoranto avec des annexes dans les environs pour extraire le jus de la canne et n'avoir pas à la transporter. La plupart de ces établissements ont périclité au moment de la guerre franco-hova et les affaires n'ont été reprises sur une plus petite échelle, que dans les environs de Tamatave, mais sans donner de grands résultats.

On attribue cet insuccès à plusieurs causes, toutes d'un caractère local et transitoire ; les principales sont la rareté de la main-d'œuvre, l'élévation des salaires, occasionnée par la cherté des vivres, spécialement du riz, et la difficulté du transport des cannes. Aussi l'industrie sucrière a-t-elle actuellement une tendance à se déplacer pour s'établir sur d'autres points de la côte, vers le Sud, et particulièrement dans le voisinage de Mananjary ; là, une population dense fournira plus facilement des travailleurs qui se contenteront d'un salaire modique à cause du bas prix des denrées, et des cours d'eau nombreux permettront de faire les approvisionnements de matières premières au moyen de pirogues.

Tout en appréciant ces avantages, il n'en faut pas moins reconnaître, puisqu'une expérience déjà longue est là pour le prouver, que les fabricants de sucre auront, à Mananjary comme à Tamatave, de la peine à lutter avec les producteurs des autres pays. Même s'ils résolvent les questions relatives à la main-d'œuvre, ils ne réussiront que s'ils disposent des grands capitaux qui, au moins jusqu'à présent, ont fait défaut à Madagascar.

Le sucre des dernières récoltes s'est vendu environ 32 fr. les 100 kilogrammes. En 1890, on en a exporté de Tamatave pour 61446 fr. 17 et pour 5 598 fr. 60 de Vatomandry.

Café

Le caféier, arbre de la famille des Rubiacées, a été introduit à Madagascar et y est cultivé depuis longtemps. Jusqu'à ces dernières années, cette culture a joui d'une grande faveur : les plantes poussaient rapidement, les arbres rapportaient beaucoup ; un pied fournissait jusqu'à trois deux kilogrammes de grains.

Les premières plantations ont été faites sur la côte Est et dans la zone moyenne. Celles de cette dernière région, à une altitude de 600 à 1 000 mètres se trouvaient dans de meilleures conditions climatériques, car, pour que les caféiers réussissent, la température ne doit pas descendre au dessous de 10°, ni excéder beaucoup 30°. Le terrain argileux, pauvre en éléments calcaires et généralement riche en oxyde de fer, était aussi très convenable. Aussi sont-elles les seules qui subsistent actuellement. Ajoutons qu'elles sont entretenues et fumées avec beaucoup de soin par les indigènes ; établies par eux dans le voisinage de chaque village, elles ont plus d'importance par leur nombre que par leur étendue.

Les plantations faites par les colons sur le littoral ont, au contraire, rapidement périclité, après une courte période de prospérité. Là où elles étaient nombreuses comme, par exemple, aux environs de Mahanoro, la plupart ont été abandonnées et celles qui subsistent ne donnent qu'un faible produit.

Le dépérissement des caféiers sur la côte tient à plusieurs causes. Les planteurs l'attribuent uniquement aux ravages d'un insecte, l'*hemileia vastatrix;* ils ont tort, car, avant son apparition, certaines plantations, les plus anciennes, ne donnaient plus de récoltes abondantes. Cette situation résultait, je crois, du manque de soins apportés à la culture et du mauvais choix des terrains; ceux voisins de la mer sont trop bas et trop humides pour les caféiers ; ceux-ci se trouvent, de plus, à ce niveau, soumis à une température d'une élévation exagérée. Les arbres poussent vite, mais plantés dans un sol qui s'épuise en raison même de ce rapide accroissement et qui n'est enrichi par aucun amendement, ils s'affaiblissent bientôt. Quand l'insecte apparait, il fait des dégâts d'autant plus prompts que les caféiers qu'il attaque présentent moins de résistance.

A mon avis, il faudrait donc, en s'inspirant de l'exemple des indigènes, reprendre les essais de culture en grand dans des régions d'une altitude moyenne. A côté de ces plantations, il serait excellent de faire l'élevage du bétail, afin d'avoir toujours en quantité suffisante une fumure convenable.

Un français a créé récemment dans l'Imerina une importante plantation de caféiers renfermant plusieurs centaines de mille pieds. On ne connait pas encore les résultats de cette tentative. Je crois que, dans le massif central, le climat est trop froid pour que les arbres prennent un grand développement et produisent beaucoup de grains. Il faut considérer aussi que le café récolté dans le centre sera grevé, en arrivant au port d'embarquement, de 0 fr. 35 au moins par kilogramme pour les frais de transport.

Pendant les premiers mois de 1893, le cours du kilogramme de café décortiqué a varié entre 1 fr. 40 et 1 fr. 90 sur le marché de Tananarive. En Europe, le café de Madagascar se vend sensiblement moins cher que celui de la Réunion dont la qualité est supérieure.

En 1890, la valeur des exportations de café effectuées par Tamatave n'a atteint que 2 304 fr. 60. Dans les autres ports de la côte Est, elles ont été insignifiantes.

Vanille

La vanille est cultivée depuis assez longtemps à Madagascar comme à la Réunion et aux Comores, mais c'est seulement depuis la ruine des plantations de café que cette culture a pris une grande extension dans l'Est de l'île.

Le vanillier est une orchidée à feuilles alternes et charnues portées sur un pétiole. Le fruit est une capsule allongée qui, convenablement préparée, constitue la vanille du commerce.

Végétal parasite, le vanillier a besoin d'une autre plante pour se développer. Dans les cultures que j'ai visitées, on se sert comme supports nourriciers de pignons d'Inde (1) disposés

---

(1) *Jatropha curcas.*

par rangées parallèles espacées d'environ deux mètres et dont les branches sont ramenées dans un même plan pour former une haie. Les boutures de vanillier, composées de trois yeux et dépouillées de leurs feuilles, sont mises en terre ; en se développant, la plante s'accroche par des suçons aux branches des arbres pour y puiser sa nourriture ; son pied est recouvert de débris de feuilles de bananier destinés à entretenir une humidité constante.

Dans les pays d'où le vanillier est originaire et où il pousse spontanément, la fécondation se fait par l'intermédiaire d'un insecte ; à Madagascar, il faut produire artificiellement cette fécondation. Elle a lieu par une opération pratiquée sur chaque fleur et consistant à mettre, au moyen d'un morceau de bois taillé en pointe, le pollen en contact avec le pistil ; c'est ce que les planteurs appellent le *mariage* de la vanille. Quelques mois après, la gousse, qui s'est accrue peu à peu, arrive à maturité ; on la cueille lorsque l'extrémité commence à jaunir.

Il reste alors à préparer la vanille pour en développer le parfum. A Madagascar, trois moyens sont employés : l'eau chaude, la vapeur et l'étuve sèche. Plus ancienne et plus répandue que les autres, la première méthode consiste à réunir les gousses et à les tremper pendant un temps très court dans de l'eau *sur le point* de bouillir ; on les expose ensuite, pendant une journée, à l'air libre au soleil ; puis on les fait sécher lentement en les enduisant quelquefois légèrement d'huile d'acajou. Cette dessication doit être surveillée de près, afin d'enlever sans délai les gousses qui, en se gâtant, prennent une mauvaise odeur qu'elles pourraient communiquer aux autres. Enfin, choisies de plusieurs qualités et de plusieurs grandeurs dans une proportion déterminée par les habitudes commerciales, elles sont réunies en paquets.

Les gousses, provenant de bonnes espèces et bien préparées se couvrent au bout d'un certain temps de petits cristaux de vanilline, aldéhyde correspondant à la formule $C^{16}H^8O^4$ et constituant le principe actif qui se trouve dans la proportion de 2 0/0. La vanille est alors dite *givrée* et a plus de valeur. — Le givre est souvent obtenu artificiellement au moyen de l'acide benzoïque (1) ; cette falsification est très fréquente. Certains préparateurs croient même améliorer la vanille en y ajoutant ainsi une

---

(1) On se sert pour cet usage de l'acide impur, mais possédant un léger parfum, préparé par sublimation avec le benjoin. L'acide benzoïque, $C^{14}H^6O^4$, n'a pas d'action nocive ; introduit dans l'organisme, il se transforme en acide hippurique et s'élimine par les urines.

matière étrangère ; j'en ai rencontré plusieurs persuadés que le givre naturel est de l'acide benzoïque.

La culture de la vanille est facile et exige peu de main-d'œuvre ; une fois la plantation établie, le travail consistant à débarrasser les orchidées des insectes et des limaces qui les ravagent, à faire le mariage et à cueillir les gousses à mesure qu'elles arrivent à maturité, est peu fatigant et peut être confié à des femmes ou à des enfants. La préparation exige de l'habitude et certains tours de main, mais ne nécessite pas de matériel coûteux. Certains planteurs la font eux-mêmes ; d'autres livrent leur récolte à des préparateurs qui possèdent des ateliers dans les principales villes de la côte.

Si on ajoute à ces avantages que les vanilliers commencent à donner des produits au bout de deux ans et qu'ils arrivent bientôt après à être en plein rapport, on s'explique que leur culture jouisse d'une grande faveur. Les bénéfices ne sont pas, à la vérité, considérables, mais ils sont assurés et prompts. Aussi le nombre des vanilleries augmente-t-il rapidement. Dans les environs de Mahanoro, depuis l'embouchure du Mangoro jusqu'aux premières chutes, c'est-à-dire sur une longueur de quelques kilomètres j'en ai compté 21, renfermant chacune de 7 000 à 10 000 pieds. Sur les bords de l'Osy et en beaucoup d'autres points du littoral, existent des groupes de la même importance. Près de Tamatave, des colons français établissaient en 1889 une plantation de 70 000 pieds.

A mon avis, les planteurs ont tort de se livrer exclusivement à cette culture, comme plusieurs le font. La vanille n'est qu'un condiment dont la consommation est limitée et dont le prix baissera forcément si la production dépasse les besoins.

La vanille de qualité moyenne se vend de 40 à 45 fr. le kilogramme dans les ports de la côte Est. En France, le prix est au moins de 60 fr.

Une notable partie de la vanille récoltée à Madagascar s'exporte par Mahonoro, qui est l'un des centres de production; mais, comme il n'est pas fait de statistique dans ce port, on n'en peut préciser la quantité. Quelque grande qu'elle soit, il est difficile d'admettre qu'il ne soit sorti par Tamatave, en 1890, que 60 livres de vanille représentant une valeur de 1 320 fr.; ce sont pourtant les chiffres indiqués dans les relevés officiels.

Cacao

Les dangers que je viens de signaler, à propos du véritable engouement que montrent aujourd'hui les planteurs pour la production de la vanille, ne seraient pas à craindre avec une culture, fournissant un aliment dont la consommation est en train de se développer, comme celle du cacaoyer. Les bénéfices, moins rapides, seraient susceptibles de se maintenir.

Le cacaoyer est un arbre dont le fruit, nommé *cabosse*, contient des graines qui, après avoir été soumises a une légère fermentation sont séchées et torréfiées sur place. C'est dans cet état qu'on les expédie aux usines où se fabriquent le cacao et le chocolat.

Le cacaoyer réussit bien à Madagascar ; j'en ai vu quelques pieds sur différents points de la côte, mais je n'ai pas visité de véritables plantations. Elles sont d'ailleurs rares et aucune n'est actuellement en rapport.

Si la plupart des colons ont laissé de côté jusqu'à présent la culture du cacaoyer, c'est uniquement parce qu'un temps assez long est nécessaire pour la croissance des arbres, avant qu'ils donnent un produit. On ne peut, en effet, attendre un rapport du capital engagé dans la plantation qu'au bout de la cinquième année; et, en général, les colons de Madagascar ne sont pas assez riches pour faire des placements à si longue échéance.

Il faut remarquer aussi que la nature des terrains qui conviennent aux cacaoyers n'est pas encore bien déterminée. Le choix du sol, de l'exposition, de l'altitude, ont beaucoup d'importance, car de légères différences exercent une grande influence sur la qualité des graines et le développement des arbres. Bien qu'on puisse s'appuyer, pour l'installation des pépinières et des plantations, sur ce qui se fait aux Seychelles, où la culture du cacaoyer est pratiquée avec succès, il serait nécessaire de faire à Madagascar des essais méthodiques, afin d'être assuré d'obtenir les bons résultats que font prévoir les conditions générales du pays.

Thé

Le thé, arbrisseau de la famille des Camelliacées, est cultivé depuis quelques années dans le massif central par les Anglais et par les Hova. Les feuilles donnent un produit dont la qualité médiocre n'est peut-être dûe qu'à la connaissance imparfaite des méthodes à employer pour en développer le parfum.

Les plantations existant actuellement n'ont que peu d'importance. La culture du thé ne parait pas du reste avoir un grand avenir à Madagascar.

Giroflier

J'ai vu sur la côte orientale quelques pieds de l'arbre dont les fleurs incomplètement développées sont employées comme épices sous le nom de clous de girofle. L'arbre pousse bien et la culture en grand pourrait donner de bons résultats ; le seul obstacle viendrait de la main d'œuvre assez considérable que nécessite la récolte.

Jusqu'à présent cette culture n'est pratiquée que dans l'île de Sainte-Marie de Madagascar. Le produit est de bonne qualité et fournit beaucoup d'essence.

Les clous de girofle se vendent, à Sainte-Marie, de 10 à 12 fr. le kilogramme. On en exporte annuellement environ 35 000 kilogrammes.

Plantes textiles

Rofia

Le rofia est un palmier de grandes dimensions dont les feuilles s'évasent en bouquet. Il pousse seulement à partir d'une certaine altitude à quelque distance de la mer ; très répandu dans la région moyenne de Madagascar, il est rare dans les massifs du centre et n'a plus, à cette hauteur, que des formes rabougries.

La tige du rofia et les grosses côtes des feuilles sont employées dans la construction des cases indigènes ; mais l'importance commerciale de l'arbre vient des fibres qu'on en retire ; elles sont exportées en nature et servent dans le pays à la fabrication des rabanes.

Pour isoler la partie fibreuse, les indigènes partagent la feuille en minces lanières, puis ils enlèvent rapidement, avec un couteau à lame étroite, la partie verte qui en constitue les parois externes.

Ainsi préparé, le rofia se vend sur la côte de 35 à 45 fr. les 100 kilogrammes, suivant les points. Il est expédié en Europe et principalement à Londres et à Marseille, qui sont les plus importants marchés de cette matière.

La fibre du rofia est solide et résiste longtemps à l'humidité ; elle est employée par les jardiniers pour attacher les plantes à leurs tuteurs et par les viticulteurs pour lier les ceps et les sarments. Elle sert aussi au clissage des bouteilles.

On a fait aussi, en France et en Angleterre, des essais de tissage du rofia. — En 1890, à l'époque de la grande mode des passementeries métalliques dans les toilettes féminines, la fibre, d'une teinte jaune pâle, a été employée par certains fabricants de Paris comme dessous aux ors de différents tons.

A Madagascar, les fibres destinées au tissage des rabanes sont légèrement tordues, puis réunies les unes aux autres par des nœuds ; quand on ne les laisse pas à leur couleur naturelle, c'est à ce moment qu'elles sont teintes.

Les métiers employés pour le tissage sont d'une construction rudimentaire et ne permettent de confectionner que des pièces de petites dimensions. On en trouve beaucoup surtout chez les Betsimisaraka, dont la fabrication des rabanes est l'unique industrie. Dans la région du Mangoro, il est rare d'entrer dans une case sans y voir un ou plusieurs métiers en fonctionnement.

Les rabanes sont solides, résistantes et se

laissent difficilement traverser par l'eau ; quelquefois très fines, elles n'ont jamais que peu de souplesse.

Dans le pays, on les utilise, surtout sur la côte, pour faire des vêtements. Les Hova préfèrent les tissus de coton et font seulement avec ceux en rofia des habits de fatigue et de voyage.

Les rabanes grossières exportées servent à faire des emballages et spécialement des sacs pour le sucre, le café et d'autres marchandises ; les fabriques et les plantations de la Réunion en consomment une grande quantité.

Toutes ces rabanes sont jaunes, unies ou avec des raies, étroites et espacées, de couleur bleuâtre. On en fabrique aussi d'autres plus fines et ornées de bandes longitudinales rouges, bleues, jaunes et noires, disposées d'une façon tellement variée qu'il est difficile de trouver deux pièces semblables ; les couleurs ne sont pas franches, parce que la trame, uniformément rougeâtre, vient, en transparaissant, modifier les teintes diverses des fils de la chaine. Terminées aux deux extrémités par des franges, les pièces ont 0^m.60 de largeur et 3^m.80 de longueur. On les exporte en Europe, spécialement en France, où elles servent à faire des rideaux et des tentures. Souvent cette étoffe est associée à l'andrinople rouge pour couvrir des sièges en osier destinés à l'ameublement des maisons de campagne. La pièce, qui vaut environ 0 fr. 80 à Tananarive, se vend au détail à Paris de 1 fr. 50 à 2 fr.

Les Hova tissent aussi des rabanes dont la chaine est en soie malgache et la trame en rofia. Elles valent environ 5 fr. la pièce et ne s'exportent pas.

En 1890, on a exporté par les trois principaux ports de la côte Est pour 220 000 fr. environ de rofia et 100 000 fr. de rabanes et de sacs.

Coton

Autrefois les Malgaches cultivaient beaucoup le cotonnier et se servaient de ses filaments, qu'ils nomment *landi-hazo* (1), pour fabriquer des étoffes. Depuis que des cotonnades étrangères à bas prix sont importées à Madagascar, ces plantations indigènes ont été abandonnées. On n'en trouve plus quelques-unes, très peu importantes, que dans l'Imerina. Dans d'autres parties de l'île, spécialement dans l'Ouest, le cotonnier pousse à l'état sauvage. Si la culture était reprise, on est donc assuré qu'elle réus-

(1) *Landy*, soie ; *hazo*, bois.

sirait, à la condition de bien choisir les terrains. Une seule tentative a été faite jusqu'à présent par une compagnie anglaise, mais la plantation qu'elle avait établie aux environs de Mahanoro n'a pas prospéré, les parties du versant oriental voisines de la mer ne convenant pas au cotonnier.

Avec le coton indigène et quelquefois du coton extrait de vieilles étoffes d'importation effilochées, les tisseurs hova font des *lamba* (1) rayés de diverses couleurs employés comme vêtements dans certaines cérémonies et comme linceuls pour ensevelir les morts. Particulièrement quand ils ont des raies blanches à côté de raies foncées, ils sont composés de plusieurs morceaux cousus ensemble et différant par la couleur de la trame; le tissu est grossier, la teinture n'est pas solide et, relativement à la qualité, le prix est élevé : un lamba ordinaire de 1 m. 30 sur 2 m. se vend à Tananarive de 4 à 5 fr.

Toutes les autres cotonnades légères servant à l'habillement des indigènes, aussi bien dans l'Imerina que dans les autres parties de l'île, proviennent d'importations étrangères. En rai-

(1) Le *lamba* est un morceau d'étoffe rectangulaire dans lequel les Malgaches et surtout les Hova se drapent le corps.

son de l'énorme consommation qui s'en fait, il y aurait intérêt à reprendre sur une grande échelle la culture du coton et à créer des usines pour fabriquer sur place les étoffes répondant aux besoins et aux goûts des indigènes.

C'est ce que les Anglais ont fait aux Indes, surtout depuis les modifications apportées au système douanier par lord Lytton, en 1879. La production locale a pris, en dix ans, un énorme développement et n'a pas nui, comme on le craignait, aux importations. Si, à Madagascar, celles-ci diminuaient, le commerce français ne serait nullement atteint, puisque toutes les cotonnades qu'on y vend actuellement sont d'origine anglaise ou américaine.

Chanvre

Dans le centre, notamment près des villages situés au milieu des montagnes de l'Ankaratra, on trouve aussi des cultures indigènes de chanvre.

Les Malgaches n'emploient pas le rouissage pour préparer les fibres. Ils font bouillir le chanvre dans l'eau pour dissoudre la matière gommo-résineuse et séparent ensuite aisément la chénevotte de la filasse. On vend le chanvre ainsi préparé et nettoyé dans tous les marchés, de l'Imerina.

Le chanvre filé sert à fabriquer des étoffes assez épaisses qu'on appelle *rongony*. Elles se vendent à bas prix et ne sont employées que dans les campagnes ou par les classes pauvres de la population.

A cause du peu de longueur des fibres, la filasse de chanvre malgache est de qualité médiocre et serait difficile à utiliser en Europe. On ne l'exporte donc pas.

Textiles divers

On trouve à Madagascar un grand nombre d'autres textiles végétaux sans usages actuels mais qui pourraient servir soit à la fabrication d'étoffes et de cordages, soit de matières premières pour la préparation du papier.

La ramie vient bien et les essais de culture entés en différents points ont réussi. On pourra la cultiver en grand quand le problème de la décortication sera pratiquement résolu.

Les feuilles du vacoa, plante très répandue dans la région des lagunes de la côte Est, fournissent une fibre souple et résistante.

Diverses espèces d'aloës poussent à Madagascar à l'état sauvage, aussi bien au niveau de la mer que sur les sommets les plus élevés. Avec la partie fibreuse qu'on en retirerait, on pourrait fabriquer des cables.

Un arbre nommé *fano*, appartenant à la famille des Mimosées, fournit aussi une matière première utilisée dans le pays pour la confection des cordes.

Les pétioles du bananier, coupés avant la floraison de la plante, donnent des filaments d'une grande finesse qui peuvent entrer dans la pâte à papier.

Enfin, le chanvre de Manille, introduit récemment, réussit bien, dit-on.

Pailles et joncs

Les Malgaches, tisseurs médiocres, font au contraire avec beaucoup d'habileté les tresses, les nattes et tous les autres ouvrages de vannerie. Je vais donc dire quelques mots des matières premières de cette industrie.

Ces matières sont extrêmement variées et diffèrent suivant les points. Parmi celles dont l'usage est le plus répandu, je citerai seulement la paille de riz, les joncs, qui poussent en abondance dans les nombreux marais du pays, les fibres du vacoa, du rofia, du zozoro (1).

Les principaux ouvrages fabriqués sont des corbeilles pour les usages domestiques, des boites de diverses formes, des sacs, des nattes pour couvrir les planchers et les murs des habitations, des bonnets et des chapeaux. — Avec des végétaux analogues à l'osier, les Malgaches font aussi des nasses et différents engins pour la pêche.

Presque tous ces objets sont utilisés dans le pays. Quelques-uns cependant sont exportés ou peuvent l'être.

Il y a quelques années, on fabriquait sur la côte, au prix de 0 fr. 05 la pièce environ, beaucoup de sacs en paille qu'on vendait à Maurice pour y mettre le sucre à expédier en Afrique et en Australie. Ces expéditions ayant cessé, les sacs n'ont plus d'acheteurs.

Les nattes pourraient se vendre en Europe où elles ne coûteraient pas beaucoup plus que le prix du transport, puisqu'à Madagascar, elles valent seulement quelques sous. Celles que tressent les Hova sont ordinairement unies, mais les Betsimisaraka décorent parfois les leurs de

---

(1) *Cyperus æqualis*. — On s'en sert aussi pour emplir les matelas.

jolis dessins obtenus par le croisement de joncs teints en noir.

Dans les menus objets en paille fabriqués par les Hova règne un mélange généralement peu harmonieux de plusieurs couleurs. Ceux qu'on fait à Sainte-Marie de Madagascar présentent un meilleur aspect et une exécution plus soignée ; quelques-uns de ces derniers — boites, étuis, porte-cigares, etc — sont exportés.

Les chapeaux de paille se fabriquent surtout dans l'Imerina et quelques-uns peuvent rivaliser de finesse avec ceux de Panama; les chapeaux communs se vendent à Tananarive 0 f. 50 et ceux de belle qualité 5 à 6 fr. En modifiant un peu la forme et la façon — puisque le chapeau malgache est généralement plus large en haut qu'en bas et que le fond, tressé à part, y est cousu — on pourait en faire un article d'exportation.

Plantes diverses

Tabac

Le tabac pousse aussi bien dans les régions basses de la côte de Madagascar que sur les montagnes de l'intérieur. Dans beaucoup de villages, se voient de petites plantations assez belles, malgré le peu de soins que leur donnent les indigènes. Le terrain n'est pas sarclé, toutes les feuilles sont laissées et les plants ne sont jamais écimés. Après la récolte, le tabac est séché et mis en manoques qui se vendent dans tous les marchés de l'Imerina.

Le produit laisse souvent à désirer au point de vue du parfum; il suffirait certainement de perfectionner un peu la culture et la préparation pour en obtenir un meilleur. Ceci est tellement vrai que, toutes choses égales d'ailleurs, sauf les soins donnés à la plante, le tabac récolté chez les planteurs européens est de qualité supérieure.

Habituellement le tabac malgache n'est pas préparé pour être fumé. Aussi importe-t-on pour cet usage du tabac de France et de la Réunion.

Les indigènes pilent dans un petit mortier les feuilles de tabac complètement sèches et les mélangent avec des cendres de bois; ils obtiennent ainsi une poudre, nommée *paraky voalaro* (1), qu'ils se mettent dans la bouche entre les dents et la lèvre inférieure. Cette habitude est commune aux hommes et aux femmes.

(1) *Paraky*, tabac; *voalaro*, à quoi on a mêlé un ingrédient.

Chez les Hova pourtant, le tabac se fume sous forme de cigares; ces cigares sont petits et de médiocre qualité, mais le prix en est peu élevé : à Tananarive, une cinquantaine de cigares ne vaut pas plus d'un voamena ou 0 fr. 20; voici quelques années, le prix en était encore plus bas.

Indigo

Parmi les couleurs employées à la teinture par les indigènes, la plus importante est celle qui fournit l'indigo; ils le tirent d'un arbuste appartenant à la famille des Légumineuses papilionacées, nommé *aika* (1) en malgache, et dont Madagascar possède plusieurs variétés. La plante est utilisée directement pour la teinture en bleu, qui se fait au moyen d'une lessive des feuilles.

Les indigotiers ne sont nulle part cultivés en grand pour servir à l'extraction de la matière tinctoriale par un procédé industriel. Les plantations qu'on ferait dans ce but réussiraient certainement.

---

(1) C'est le nom générique des indigotiers et particulièrement de l'*indigofera tinctoria*. Les variétés ont des noms composés : ainsi l'*indigofera argentea* est appelé *aikaberavina* (*aika*, indigotier; *be*, grandes; *ravina*, feuilles).

Orseille

L'orseille est un lichen tinctorial dont Madagascar exporte une grande quantité; elle est très estimée dans le commerce et préférée à celle qui vient des Canaries et du Cap-Vert.

L'orseille ne pousse et n'est recueillie qu'exceptionnellement sur la côte Est et seulement au Sud. Les échantillons que j'ai vus chez les commerçants provenaient du Sud-Ouest de l'île et avaient été apportés par des caboteurs. C'est dans le pays des Mahafaly que se font, par voie d'échange, les affaires en orseille, et c'est sur leur territoire que ce lichen est à la fois le plus abondant et de meilleure qualité.

Géranium

La culture en grand des géraniums destinés à la fabrication de l'essence a été essayée depuis quelques années sur la côte Est et a donné de bons résultats.

L'essence de géranium sert à peu près aux mêmes usages que l'essence de rose dans la parfumerie, mais elle a beaucoup moins de valeur. On l'obtient par la distillation des feuilles et des fleurs ; 1000 kilogrammes de feuilles fournissent seulement 1200 à 1500 grammes d'essence ; cette quantité de feuilles est donnée par environ 800 pieds qui occupent à peu près 200 mètres carrés.

La culture du géranium est facile et a l'avantage de rapporter immédiatement. La fabrication sur place de l'essence est simple et n'exige pas d'appareils coûteux ; l'écoulement du produit est assuré. Il est donc probable que cette petite industrie agricole se développera. Elle est intéressante, parce qu'elle n'exige pas un grand capital et parce qu'elle peut, dans la période de début, aider les planteurs.

Ceux-ci pourraient sans doute, comme l'ont fait ceux d'autres pays, joindre à la culture du géranium celle de l'héliotrope et de la verveine pour en extraire aussi l'essence.

PRODUITS ANIMAUX

Bœufs

Les bœufs de Madagascar appartiennent, en majorité, à la race des zébus ou bœufs à bosse. On en distingue plusieurs variétés d'après la forme des cornes. En général, ils sont de petite taille et leur poids dépasse rarement 300 kilogrammes. On trouve aussi d'autres espèces introduites par les Européens.

Les bœufs sont nombreux dans toutes les parties de l'île, notamment dans celles où le sol inculte et déboisé est couvert de pâturages. Les plus grands troupeaux se rencontrent dans le Nord, dans le centre et dans l'Ouest; ils se composent souvent d'un nombre considérable de têtes de bétail. Toutefois, d'après ce que j'ai constaté à Madagascar, ce serait une exagération de dire avec certains auteurs « qu'il n'est pas rare d'y voir, comme à la Plata, des troupeaux de 15, 20 et 30 000 bœufs (1). »

Jusqu'à présent, l'élevage du bétail est fait exclusivement par les indigènes. Les colons qui l'entreprendront en grand dans l'avenir pourront réaliser de sérieux bénéfices. Actuellement, le principal obstacle qu'ils rencontreraient résulterait peut-être de l'état d'insécurité d'une grande partie du pays ; ils seraient exposés à des vols que les autorités hova seraient dans l'impossibilité absolue de prévenir ou de réprimer.

Les bœufs servent à la consommation intérieure ou sont exportés à Maurice et à la Réunion. Les ports de Tamatave, de Foulpointe,

---

(1) Louis Pauliat. — *Madagascar*, page X.

de Vohimarina, par où se fait cette exportation, possèdent de grands parcs dans lesquels les bœufs venus des régions environnantes ou de l'intérieur sont réunis avant d'être embarqués. Les achats s'opèrent par l'entremise de courtiers du pays, le plus souvent hova. Plusieurs d'entre eux appartiennent à l'administration et profitent quelquefois de leur pouvoir pour faire les acquisitions dans des conditions particulièrement avantageuses.

Le prix des bœufs varie beaucoup suivant les régions : il dépasse rarement 45 fr. dans les ports d'embarquement. A l'intérieur, dans l'Imerina par exemple, il est plus bas. Au commencement de 1893, un bœuf maigre se vendait de 35 à 40 fr. sur le marché de Tananarive et un bœuf engraissé de 85 à 90 fr.

La préparation des viandes conservées ne s'était faite jusqu'à ces dernières années que sur une petite échelle, mais, comme je l'ai dit, on a installé récemment une grande usine de conserves à Diego-Suarez. Ce point n'est pas le meilleur au point de vue des approvisionnements de bétail, puisque les communications avec l'intérieur sont longues et difficiles, mais les organisateurs ont été guidés par d'autres raisons qui leur ont fait abandonner l'emplacement de Mahanoro primitivement choisi : ils tenaient surtout à s'établir sur un territoire français.

Les bœufs de Madagascar ne sont employés à aucun travail et ne sont habitués ni à porter ni à trainer ; d'une façon ou de l'autre, ils pourraient rendre de grands services dans un pays où les transports sont si pénibles. C'est seulement dans une partie de l'Imerina qu'ils sont utilisés comme montures ; aux animaux choisis très jeunes pour cet usage, on coupe la queue, on taille les oreilles, on enlève les cornes et la bosse du garrot ; ces diverses opérations ont pour but, sinon pour résultat, de leur donner l'apparence de chevaux ; ils sont ensuite entrainés à aller au trot. Le bœuf ainsi transformé est appelé *omby-soavaly* (1).

Les vaches sont mauvaises laitières ; d'ailleurs le lait n'entre pas dans l'alimentation indigène. On ne fabrique un peu de beurre et de fromage qu'à Tananarive et pour l'usage exclusif des Européens.

Les peaux de bœufs constituent un des plus importants articles d'exportation de Madagascar. Autrefois la peau restait adhérente aux quartiers de viande, mais maintenant, du moins dans la plupart des provinces, elle est

---

(1) **Omby**, bœuf ; *soavaly*, cheval.

soigneusement enlevée ; d'abord légèrement salée, puis recouverte de terre du côté intérieur et séchée, enfin pliée, elle est expédiée dans les ports d'embarquement.

Les peaux de bœufs sont surtout exportées aux Etats-Unis. En Europe, elles n'atteignent pas de hauts prix, à cause de leur préparation défectueuse et de la bosse qui rend difficilement utilisable une partie de leur surface.

Au commencement de 1893, les peaux valaient à Tananarive 6 piastres ou 30 fr. les 100 kilogrammes, ce qui, en raison du poids moyen, mettait la pièce à 3 fr. 75 environ. A Tamatave, le prix était presque double à cause du transport.

L'exportation se fait principalement par Tamatave et Mojanga ; 90 000 à 100 000 pièces sortent annuellement par chacun de ces deux ports.

Dans l'Imerina, on fabrique, pour la consommation locale, une petite quantité de cuir avec les peaux de bœufs. Il est de mauvaise qualité. Les matières tannantes fournies par les écorces du pays, surtout par celles du pêcher et du grenadier, sont mal utilisées ; leurs propriétés exactes sont d'ailleurs jusqu'à présent peu connues.

Les cornes de bœufs sont aussi exportées. A

Tamatave, elles se vendent environ 15 fr. les 100 pièces. C'est par ce port et par celui de Mananjary que se font les plus grandes expéditions. Elles comprennent, au total, 40 000 pièces par an.

Sur les marchés français, les cornes de Madagascar sont moins estimées que celles d'autres provenances, de Bombay par exemple ; leur couleur n'est pas uniforme et elles s'écaillent trop facilement.

Les Hova travaillent bien la corne. Ils la découpent en lames plus ou moins épaisses qu'ils amollissent ensuite par la chaleur et soumettent à un estampage dans des moules en bois. Les objets fabriqués sont enfin polis. Ce sont principalement des cuillers et d'autres ustensiles de ménage qui, dans la capitale, se vendent à bas prix.

Des pieds de bœufs cuits dans l'eau bouillante, les Hova extraient de l'huile. Le liquide qui surnage est séparé par décantation. Cette huile sert à l'éclairage.

Moutons.

Les moutons de Madagascar appartiennent à la race stéatopyge, dont on trouve des représentants dans diverses parties de l'Afrique et de l'Asie, race caractérisée par la grosseur de la queue à la base de laquelle s'accumule une énorme quantité de graisse. Ces moutons ont les aines presque rases ; ils ne donnent pas de laine. Leur chair est sèche, coriace et dégage une forte odeur.

Dans l'Imerina, les moutons sont assez nombreux ; ils se vendent 2 fr. en moyenne. On les élève aussi dans toutes les autres parties de l'île, mais je n'ai jamais rencontré de grands troupeaux.

Il serait nécessaire d'améliorer fortement la race indigène par des croisements ou de la remplacer totalement par une autre race. Divers essais d'acclimation de moutons européens semblent avoir été assez heureux pour qu'on les poursuive.

Depuis quelques années, on exporte les peaux de moutons ; ce commerce a pris rapidement un certain développement. Les peaux valent dans le pays environ 0 fr. 80 ; elles sont expédiées en Angleterre, principalement par Tamatave.

Chèvres.

Les chèvres sont élevées dans l'Imerina, le Betsileo et les provinces de l'Ouest, mais en petite quantité quoiqu'elles réussissent bien.

La chair est consommée par les indigènes et la peau est exportée en Angleterre où elle sert à la cordonnerie.

Porcs.

Les porcs sont nombreux à Madagascar, surtout dans les provinces du centre et dans celles qui sont soumises aux Hova. Pendant longtemps la chair en a été considérée comme impure par les indigènes, mais maintenant elle entre pour une part notable dans leur alimentation ; elle est de bonne qualité.

Par Tamatave et les autres ports de la côte orientale, quelques porcs vivants sont exportés à Maurice et à la Réunion. On fait aussi sur la côte quelques conserves de porc salé, mais elles ne constituent pas jusqu'à présent un notable article de commerce.

Graisses.

On n'exporte qu'une petite quantité de graisse d'origine animale. La plus grande partie de celle qu'on recueille sert, principalement chez les Hova, à faire des chandelles et du savon.

Les chandelles sont surtout en usage dans l'Imerina ; elles ont presque entièrement remplacé l'ancien mode d'éclairage à l'huile au moyen de grandes lampes en pierre.

Le savon est fabriqué avec de la potasse extraite des cendres de certains joncs ; il renferme aussi de la chaux. Le produit obtenu est caustique et trop mou. Cette petite industrie, d'importation européenne récente, est maintenant très répandue.

Volailles.

Parmi les animaux servant à l'alimentation, je citerai encore les volailles. Toutes les espèces d'Europe sont acclimatées et se trouvent dans les villages les plus reculés.

Les volailles constituent la principale et presque l'unique nourriture en viande des Européens établis en dehors des centres. Au point de vue du commerce extérieur, elles n'ont que peu d'importance, néanmoins on en exporte une certaine quantité aux îles Mascareignes.

Poisson.

Les eaux courantes et stagnantes de Madagascar contiennent beaucoup de poissons. A l'intérieur, la pêche se fait surtout dans les lacs et les rizières. Sur la côte orientale, elle est organisée collectivement par les habitants des villages qui installent, à demeure, dans les lagunes voisines, des barrages et des nasses.

Pour être conservé, le poisson est ~~nt~~ fumé sur le *salaza*, chassis en bois pla~~c~~ ~~au~~ dessus du foyer de chaque case.

Dans les cours d'eau des régions montagneuses et particulièrement de l'Ankaratra se trouvent beaucoup d'écrevisses ; elles appartiennent à une espèce spéciale à Madagascar (*Astacoides Madagascariensis*) et sont caractérisées par une tête volumineuse, de forme arrondie, et par une carapace garnie de piquants et d'aspérités.

La pêche maritime est très peu développée au moins sur la côte Est.

Au siècle dernier, les baleines étaient, paraît-il, assez nombreuses dans l'Océan Indien pour que la capture de ces animaux fut l'occupation habituelle des Malgaches sur certains points du littoral. Voici à ce sujet ce que dit Lescallier d'une localité des environs de Foulpointe, dans un rapport dont j'aurai l'occasion de reparler plus loin :

« C'est un petit village habité par des pêcheurs qui s'occupent continuellement de la pêche des baleines dans de grandes pirogues. Je mesurai une de ces baleines qu'on avait amenée sur la plage ; elle n'avait que 19 pieds de longueur. Cette pêche qui pourrait être un grand objet de commerce et spéculation pour les huiles qu'on en pourrait extraire, n'offre aux naturels qu'un moyen de subsistance ; ils se bornent à dépecer la chair de ce poisson pour la saler et la manger. Quelques batiments français viennent cependant faire cette pêche pour faire de l'huile pendant la saison favorable et cet article est toujours d'un excellent débit à l'Ile de France (1). »

Par suite, probablement, du développement de la navigation, les baleines ont abandonné les mers qui baignent Madagascar. Je n'ai pas connaissance que, même exceptionnellement, elles s'y montrent encore à l'époque actuelle.

Chevaux, ânes

Les chevaux sont rares à Madagascar. A l'intérieur, on n'en rencontre guère qu'à Tananarive où ils ont été amenés avec beaucoup de peine. Dans l'état présent des chemins, ils ne sont d'aucun usage et ne peuvent servir ni au transport des hommes, ni à celui des marchandises, au moins dans un rayon quelque peu

(1) Institut national ; sciences morales et politiques. Tome IV, 1803. — Vol. 10.

étendu. Les Hova qui n'appartiennent pas à l'armée les montent seulement pour la promenade et certains officiers pour passer des revues.

On voit aussi quelques ânes dans l'Imerina, mais les Hova les utilisent peu.— J'ai indiqué, en parlant des transports, les avantages qu'on trouverait à multiplier ces animaux et à introduire les mulets.

Soie

Madagascar nourrit plusieurs variétés de vers à soie.

Le bombyx, originaire de l'île, est commun et vit sur l'arbuste nommé ambrevade. Il donne une soie résistante, mais rugueuse, manquant de finesse et de brillant.

Des espèces étrangères qu'on élève sur des mûriers, nombreux dans le pays, ont aussi été introduites et sont acclimatées ; elles fourniraient des produits complètement satisfaisants si les indigènes en prenaient plus de soin. Actuellement, les cocons sont petits et d'une qualité inférieure à ceux de la Chine.

Après qu'on en a retiré la chrysalide, les cocons sont plongés dans l'eau bouillante. puis desséchés. Le dévidage se fait à la main. La soie est ensuite filée et teinte. Soit seule, soit mêlée au coton, elle sert à fabriquer des étoffes et surtout des lamba.

Ces lamba de soie sont de bonne qualité au point de vue du tissage et du brochage. Les Hova en fabriquent qui, dans le pays même, coûtent plusieurs centaines de francs. En général, ceux d'un ton uniforme sont les plus beaux ; quand plusieurs couleurs se trouvent juxtaposées, l'ensemble manque d'harmonie. Les teintes n'ont souvent qu'une faible solidité. Ces tissus ne sont pas exportés et ne peuvent pas l'être à cause de leur prix élevé.

Une filature de soie a été récemment établie à Tananarive par M. Iribe, ingénieur français. Elle s'installait au moment de mon voyage ; depuis, malgré l'inexpérience d'un personnel indigène qu'il a fallu former, des résultats sérieux ont déjà été obtenus.

Cire

Tirée par les indigènes des nombreuses ruches d'abeilles de la zone forestière, la cire est façonnée par eux en pains et vendue aux traitants.

Elle devient rare à Madagascar, parce qu'en la récoltant les Malgaches ont l'habitude de détruire presque entièrement les ruches. Si les abeilles étaient mieux traitées, le produit pourrait être obtenu en plus grande abondance.

A Tamatave, la cire indigène valait environ 2 fr. 20 le kilogramme, en Avril 1892; en Europe elle a la même valeur que celle du Sénégal. Toutefois on reproche à la cire de Madagascar ses nombreuses impuretés; c'est un défaut aisé à faire disparaître.

Le miel, noirâtre et de qualité médiocre, est consommé dans le pays. Les Hova s'en servent quelquefois pour fabriquer, par fermentation et distillation, une liqueur alcoolique nommée *toaka-tantely* (1).

1) *Toaka*, rhum; *tantely* miel.

CHAPITRE VII

PRODUITS D'IMPORTATION

Les produits importés dans l'île de Madagascar sont nécessairement aussi variés que les industries des pays avec lesquels elle entretient des relations commerciales. Je n'examinerai ici que les plus importants. Ils sont peu nombreux surtout si, comme de raison, on considère principalement ceux destinés à la consommation indigène ; les autres, en effet, étant à l'usage de la population européenne qui, actuellement, n'est pas considérable, ne donnent lieu qu'à un petit chiffre d'affaires.

D'une manière générale, les objets destinés a être vendus à Madagascar doivent être d'un prix peu élevé. Les habitants du pays sont pauvres ; dans l'Imerina seulement on trouve une population jouissant d'une certaine aisance, et là, même dans les classes relativement riches, les besoins sont faibles, le luxe nul. C'est donc surtout le bon marché qui, dans son choix, attire et guide l'acheteur, non que celui-ci soit insensible à la qualité de la marchandise et ne sache s'en rendre compte, mais, au moment de conclure l'achat, il se décide toujours pour celle qui a le prix le plus bas.

Les fabricants doivent aussi dans une large mesure tenir compte du goût des Malgaches et ne jamais oublier que ce goût n'est nullement le même que celui d'un Européen ; soit par suite de besoins qui nous sont, en partie du moins, inconnus, soit, simplement, par suite d'habitudes résultant de la façon dont les marchés ont été approvisionnés jusqu'à présent, les indigènes recherchent certaines marchandises parfaitement déterminées quant à la forme, à la dimension, à l'aspect ou à la qualité. C'est une erreur absolue de croire que, à égalité de prix, ils en prendront d'autres, même lorsqu'elles semblent au commerçant meilleures ou plus avantageuses. On s'adresse à des acheteurs que souvent guide la routine plutôt que le raisonnement. A ce point de vue, les échantillons commerciaux ont une grande valeur. Plus les produits se rapprocheront des types courants, plus les fabricants auront de chances de les écouler.

Les objets importés à Madagascar peuvent, d'après leur destination, être réunis en un certain nombre de groupes que je passerai successivement en revue.

ALIMENTATION

Sel.

Le sel consommé à Madagascar est employé à la préparation des aliments et à la conservation des peaux destinées à l'exportation. Il provient généralement des salines de Marseille et d'Hyères. On importe aussi du sel d'Angleterre et d'Allemagne ; ce dernier, dont des quantités relativement considérables ont été introduites dans ces dernières années, notamment par Mahanoro, n'est pas, m'a-t-on dit, estimé des indigènes.

En 1892, le sel valait environ 9 fr. les 100 kilogrammes à Tamatave et 40 fr. à Tananarive. La différence, qui est énorme relativement au prix dans le port de débarquement, représente le transport, l'emballage, le déchet par suite des avaries que cause l'humidité, et le bénéfice du commerçant.

Bientôt les salines exploitées par des sociétés françaises dans les environs de Diego-Suarez pourront alimenter les marchés malgaches. Mais on voit par les chiffres précédents que le prix auquel elles livreront le produit ne pourra avoir qu'une faible influence sur le prix de vente dans l'Imerina, qui est le principal centre de consommation, puisque le transport direct par terre de la pointe Nord de l'ile à la capitale est actuellement impraticable et serait plus coûteux que par la route détournée Diego-Suarez-Tamatave-Tananarive. Le sel devra donc arriver par mer dans un des ports de la côte Est et être soumis aux mêmes manutentions que celui qui est importé d'Europe, avant d'être rendu sur les marchés de l'Imerina.

On importe annuellement pour environ 30 000 fr. de sel à Tamatave et pour 80 000 fr. à Mananjary. Il se fait aussi des arrivages importants par les autres ports.

Au lieu de sel (chlorure de sodium) les Malgaches, notamment ceux des tribus peu civilisées, emploient pour les usages culinaires un produit qu'ils préparent en faisant cristalliser les lessives de cendres de certains bois et de joncs. Ce sel, nommé *sira-hazo* (1) contient beaucoup de potasse.

Autrefois les Hova se procuraient aussi un succédané du sel en faisant évaporer l'eau de sources thermales d'Antsirabe qui est bicarbo-

---

(1) *Sira*, sel ; *hazo*, bois.

natée sodique. Cette industrie est abandonnée depuis que le sel est importé dans l'Imerina en quantité suffisante.

Sur la côte Ouest, on recueille au bord de la mer du sel, qui, transporté dans l'intérieur, est employé à la préparation des peaux ; il ne peut, à cause des nombreuses impuretés qu'il contient, servir à d'autres usages.

Conserves.

Les conserves alimentaires (viande, poisson, pâtés, fromages, huile, confiserie, eaux minérales) sont surtout consommées par les Européens. Elles viennent de France, d'Angleterre, d'Amérique et d'Allemagne. Cette diversité de provenance résulte de ce que les étrangers établis à Madagascar recherchent les produits de leur pays d'origine.

C'est principalement d'Allemagne et d'Amérique que les farines sont importées. Il est probable que les quantités introduites iront en diminuant, malgré l'augmentation de la population étrangère, puisque, d'année en année, la culture du blé prend de l'extension. Les deux centres principaux de consommation sont Tamatave et Tananarive ; ce sont, parmi les villes que j'ai visitées, les seules où soient établis des boulangers de profession ; dans les autres, les colons ne mangent pas de pain d'une façon habituelle. Ils le remplacent par du riz.

Vins.

Le vin est aussi consommé en majeure partie par les Européens ; cependant les Hova des classes aisées commencent à en boire. Le vin de Champagne, vrai ou faux, est celui qu'ils préfèrent. Les vins aromatisés, comme par exemple le vermouth, trouvent aussi des consommateurs parmi les indigènes.

On importe surtout à Madagascar des vins du Bordelais et du midi de la France.

Les vins fins sont expédiés du pays d'origine et transportés dans l'intérieur, principalemen à Tananarive, en bouteilles.

Les vins ordinaires arrivent à Tamatave en barriques qui se vendent de 120 fr. à 170 fr. Ils sont mis dans des dames-jeannes de 18 litres pour être transportés à Tananarive; chaque homme n'en peut porter que deux. Dans ces conditions, en tenant compte de la valeur des dames-jeannes ou de leur retour à vide, le transport du litre ressort à environ 0 fr. 55. Dans la capitale, la dame-jeanne de vin de Provence se vend 25 fr. (1 fr. 38 le litre), celle de vin de Bordeaux 30 fr.

L'importation du vin se fait surtout par Tamatave et dépasse 100 000 fr. par an.

Bière

La bière est d'origine anglaise, allemande ou française ; cette dernière est fournie par les brasseries de Marseille. A Diego-Suarez, on importe aussi de la bière de Bar-le-Duc.

La plus grande consommation se fait dans les villes de la côte ; à Tananarive, en effet, la bière revient, avec le transport, à un prix trop élevé (27 fr. 50 les 12 bouteilles, en 1892).

Les missionnaires catholiques établis dans la capitale fabriquent de la bière pour leur consommation, avec du maïs du pays et du houblon importé. Le prix de cette boisson est faible et sa qualité est assurément meilleure que celle de la plupart des vins vendus à Tananarive.

Rhum

Relativement à la consommation, la production de rhum indigène est insignifiante.

Le rhum importé à Madagascar vient de Maurice et est par conséquent d'origine anglaise ;

les usines de la Réunion fabriquent un produit qui a une qualité supérieure, mais un prix trop fort pour que la lutte soit possible. Dans ces dernières années, quelques expéditions d'alcool de grain, aromatisé artificiellement pour imiter le goût de rhum, ont été faites de Hambourg ; les indigènes ont parfaitement su apprécier la différence ; ce produit de qualité inférieure s'est difficilement écoulé.

Le rhum de Maurice, pesant 23°, arrive dans des fûts d'environ 220 litres qui se vendent en gros de 70 à 80 fr. à Tamatave. Il se débite couramment au détail à raison de 0 fr. 50 le litre, laissant au commerçant un bénéfice d'à peu près 40 %. Le bénéfice est encore plus considérable dans l'intérieur, à Tananarive, par exemple, puisque le rhum y vaut 1 fr. 40 et que le prix du transport, qui se fait dans les mêmes conditions et par les mêmes moyens que celui du vin, n'est que de 0 fr. 55. Il est vrai que certaines restrictions sont apportées par la loi hova à la vente de ce produit, ainsi du reste qu'à la fabrication du rhum indigène, mais elles sont peu appliquées dans la pratique.

L'importation par la côte Est doit atteindre annuellement une valeur d'environ 800 000 fr. Plus de la moitié se fait par Tamatave. La majeure partie est consommée dans la région côtière.

Les autres liqueurs alcooliques ont surtout les Européens pour consommateurs. L'absinthe est la seule qu'achètent les indigènes. A Tananarive les 12 bouteilles (marque Pernod) se vendaient 52 fr. 50 en 1892. Pour la même quantité, l'amer Picon valait 42 fr. 50 et l'alcool désigné sous le nom de Cognac de 15 francs à 21 fr. 25.

Les liqueurs importées, même celles qui portent la marque des maisons connues pour bien fabriquer ordinairement, sont souvent de qualité médiocre et se vendent néanmoins à un prix élevé. L'habitude prise par certains industriels français de préparer des produits inférieurs spécialement destinés à l'exportation n'est peut-être pas le meilleur moyen à employer pour augmenter leur clientèle et pour lutter contre la concurrence étrangère.

VÊTEMENT

Cotonnades.

On importe à Madagascar une quantité considérable de tissus de coton. Ils sont employés pour l'habillement des hommes et des femmes dans toutes les classes de la population de préférence aux étoffes indigènes.

Chez les Hova, les rabanes ne servent qu'à faire des vêtements de fatigue et de voyage ; les lamba fabriqués avec la soie et le coton du pays ne sont pas d'un usage courant ; quant aux étoffes de chanvre, elles ne sont portées que dans les classes les plus pauvres de la population.

Chez les Betsimisaraka habitant la côte orientale, les rabanes sont plus répandues, mais, même dans les villages qui ont le moins de rapports directs avec les Européens, certaines parties de l'habillement sont toujours en étoffes d'importation, par exemple le *sadika* que les hommes portent autour des reins et le canezou dans lequel les femmes se serrent la poitrine.

Les cotonnades importées sont en grande majorité de provenance américaine. Celles qui sont fabriquées en Europe peuvent difficilement être vendues à Madagascar à un prix aussi bas ; et bien que les tissus anglais soient dans des conditions plus avantageuses que les produits similaires français, par suite de raisons qui tiennent plutôt à la manière dont se fait le commerce qu'à l'état où se trouve l'industrie, ils n'ont plus qu'un débouché restreint sur le marché malgache. Actuellement, les cotonnades anglaises fabriquées aux Indes sont les seules qui entrent sérieusement en concurrence avec les étoffes américaines.

Les cotonnades françaises importées à Madagascar, notamment celles de Rouen, envoyées récemment à Diego-Suarez, étaient d'une qualité qui a été appréciée par les indigènes, mais d'un prix trop élevé ; de plus, les pièces n'avaient ni en largeur, ni en longueur les dimensions demandées par le commerce local : la quantité vendue habituellement pour la confection d'un costume n'étant pas contenue exactement un certain nombre de fois dans la pièce, il en résultait pour le détaillant, de fausses coupes qui lui causaient une perte ou le forçaient, pour l'éviter, à augmenter le prix de l'unité. A ces observations, les fabricants ont répondu qu'ils modifieraient les largeurs et les métrages s'ils recevaient des commandes importantes. Pour faire des affaires dans un pays aussi bien approvisionné que Madagascar, il faudrait aller au devant des besoins des consommateurs et non attendre une demande qu'ils n'ont aucun intérêt à adresser à nos industriels.

Le meilleur moyen de lutter contre l'invasion des produits américains à Madagascar serait de développer dans l'île la culture du coton et de créer des usines pour le travailler, de façon à alimenter sur place la consommation. Une pareille entreprise exigerait à la vérité de grands capitaux qui ne pourraient rapporter qu'au bout de plusieurs années. Et comme, à cause de la situation du pays, il est peu probable que des industriels français la tentent actuellement, il faudrait, en attendant qu'elle fût possible, fabriquer des cotonnades se rapprochant par la qualité, la largeur, le métrage, l'impression et le prix des types vendus couramment à Madagascar. A cet égard les spécialistes consulteraient avec fruit les échantillons qui ont été, à plusieurs reprises, envoyés en France par le gouverneur de Diego-Suarez et par les résidents.

Les cotonnades se divisent en plusieurs catégories, suivant qu'elles sont écrues, blanches, imprimées, avec ou sans apprêt. Chacune d'elles se subdivise en plusieurs autres d'après la largeur, le métrage, ou plutôt le yardage, et la qualité.

Les cotonnades écrues, sans apprêt, sont celles qui ont le plus grand débit à Madagascar. A Tamatave, par exemple, en 1890, dans l'importation totale des tissus de coton s'élevant à 2 646 776 fr. 42, elles figurent pour 2 067 551 fr. 70 ou plus de 78 %.

Les toiles de coton mises en vente à Madagascar portent généralement des marques consistant en un dessin avec une légende malgache et le nom de l'importateur. (Exemples : *Ankova* (1) — Oswald ; *Miramila Malagasy* (2) — Detienne ; *Sambokely* (3) — Procter ; *Vorombola* (4) — Alibert). Les marques dissemblables ne correspondent donc pas nécessairement à des fabrications et à des qualités différentes.

Les largeurs habituelles sont au nombre de deux. La petite largeur correspond à 30 pouces anglais (0 m. 762), la grande largeur à 36 pouces (0 m. 914). Les pièces ont 24 yards (21 m. 95) ou 40 yards (36 m. 57).

En Mai 1889, à Tamatave, les toiles américaines se vendaient en gros de 390 fr. à 425 fr. les 1000 yards (914 m. 30) suivant la qualité pour la grande largeur et de 290 fr. à 300 fr. les 1000 yards pour la petite largeur.

Les cotonnades américaines arrivent généralement par ballots de 20 pièces de 40 yards ou 800 yards en tout. Les toiles écrues anglaises (Angleterre et Indes) sont dans des ballots de 2400 yards, contenant 60 ou 100 pièces suivant le yardage.

(1) Pays des Hova.
(2) Le soldat malgache.
(3) L'oiseau d'argent.
(4) Le petit bateau.

Les ballots américains sont plus maniables que les autres ; cette considération a son importance au point de vue des transports dans l'intérieur.

Ce transport de la côte jusqu'aux différents points de l'île, où les cotonnades sont vendues au détail, augmente le prix des tissus dans une proportion dont il est facile de se rendre compte d'après le poids de la marchandise dans chaque cas particulier. L'accroissement du prix n'est ni uniforme pour toutes les étoffes, ni proportionnel à la valeur de chacune d'elles au port de débarquement, puisque le poids varie sans rester dans un rapport constant avec la valeur de fabrication.

Le marché de Tananarive est pour les toiles de coton un des plus importants de l'île. L'approvisionnement en est toujours plus ou moins intermittent; en effet, beaucoup de circonstances, dont la plus ordinaire est l'état des chemins, peuvent influer sur la régularité des convois de porteurs qui l'alimentent ; les mêmes causes agissent sur le salaire que les porteurs exigent. Il en résulte des variations dans les cours beaucoup plus sensibles que sur la côte.

En Mai 1889, les toiles écrues grande largeur valaient à Tananarive 457 fr. 50 à 500 fr.

les 1000 yards, suivant les marques. En petite largeur, le cours des 1000 yards était d'environ 325 fr.

Les toiles blanches se vendent par pièces. Celles de 40 yards valaient à la même époque, de 13 fr. 50 à 19 fr. 35, suivant largeur et qualité, celles de 24 yards de 7 fr. 50 à 9 fr. 80.

Les toiles de coton blanches et écrues sont celles qui ont le plus grand débit. Elles servent en effet pour les différentes parties du vêtement, surtout chez les Hova : dans une foule, à Tananarive, la note dominante est incontestablement le blanc. Cependant certaines portions de l'habillement se font quelquefois avec des indiennes imprimées dont les dessins et les couleurs doivent varier suivant l'usage auquel on les destine. Les cotonnades de couleur, unies, ne sont pas en usage.

Dans l'Imerina, le costume des hommes et des femmes se compose, en général, d'une ou de plusieurs longues camisoles qui sont en cotonnade blanche ou à petits dessins de couleur sur fond blanc ; les dispositions sont variables, mais les ornements doivent être très légers, de façon à laisser au tissu un aspect clair. — Au-dessus, tous les Hova portent un lamba qui constitue le costume national : c'est un morceau d'étoffe rectangulaire dans lequel on se drape en rejetant un coin sur l'épaule. Les femmes le font souvent avec une indienne à petits dessins roses, les hommes avec des indiennes à grands dessins de couleurs variées et toujours très voyantes. Ces lamba de couleur sont généralement doublés en blanc, tandis que les lamba blancs ou écrus sont faits d'une étoffe simple.

Chez les Betsimisaraka de la côte, en raison de l'élévation de la température, les vêtements sont plus simples ; ceux des hommes sont ordinairement en rabane, sauf la pièce d'étoffe entourant les reins. Les femmes portent le cazenou dont j'ai parlé précédemment et qui est toujours en cotonnade blanche, écrue ou imprimée (petits dessins sur fond blanc dominant). De plus, elles s'enveloppent dans un grand fourreau serré à la taille par une ceinture et dont le haut est rabattu au-dessus de la partie inférieure formant jupon; quand il n'est pas en tissu indigène, il est en cotonnade unie blanche ou en indienne à grands carreaux de 0 m. 10 à 0 m. 12, rouges et blancs, ou bleus et blancs. Quelquefois, surtout dans les classes aisées, les femmes ont deux de ces fourreaux superposés : l'un est fixé à la ceinture, l'autre, plus large, est mobile et soutenu avec les mains ; il remplit le même rôle que le lamba chez les

Hova. Le fourreau fixé est blanc, le second est à carreaux.

Les indiennes à dessins sont ordinairement en pièces de 24 yards qui se vendent à Tananarive de 8 fr. à 12 fr. 50, suivant la qualité. Les indiennes à petits dessins roses, qui portent, dans le commerce malgache, le nom de *mavo kely* (1) et qui servent, comme je l'ai dit, à faire les lamba de femmes, sont presque les seules en pièces de 40 yards ; leur prix est d'environ 22 fr. 50 dans la capitale.

D'autres indiennes, dites *Pattna*, se vendent par petites pièces de 6 yards (5 m. 48) de 2 fr. à 2 fr. 50 suivant qualité. Elles arrivent par ballots de 300 pièces qui contiennent un assortiment très varié.

En dehors des types traditionnels, comme les indiennes à grands carreaux et celles dites *mavo kely*, les Malgaches recherchent dans les cotonnades imprimées la variété et la nouveauté des dispositions. Dans les grands dessins, ils aiment ceux qui se détachent nettement du fond blanc et qui ont des couleurs vives et franches; un assemblage de tons qui nous parait peu harmonieux et même légèrement criard n'est pas un obstacle à la vente d'un tissu. La

---

(1) *Mavo*, rose ; *kely*, petit.

vive et éclatante lumière qui baigne tous les objets dans les régions tropicales est probablement l'explication simple de ce goût.

Lainages

Dans la région côtière, l'élévation de la température rend général, même pour les Européens qui y sont établis, l'usage des vêtements légers en tissus de coton. Mais à Tananarive, où le thermomètre descend souvent assez bas de Mai à Octobre, des étoffes plus chaudes sont nécessaires ; beaucoup de Hova les ont adoptées. Par ce motif et par suite d'une tendance à imiter nos usages, ils ont pris aussi, dans les classes aisées, en tout ou en partie, le costume européen.

Dans les classes pauvres, on se protège encore contre le froid en superposant des vêtements de coton ; c'est un moyen très imparfait, aussi l'emploi des tissus plus chauds commence-t-il à s'y répandre également.

Il y a lieu, d'après cela, de présumer que la consommation des étoffes de laine ira en augmentant dans l'Imerina. Nos fabriques pourront dans l'avenir y trouver un débouché.

Les draps importés pour confectionner des costumes dans le pays sont peu épais. Ils doivent se vendre au prix de 5 à 6 fr. le mètre à Tananarive et, par conséquent, ils ne peuvent avoir qu'une qualité médiocre. Les marchands ont besoin pour leur clientèle hova de draps unis et de draps de fantaisie.

Les flanelles importées à Madagascar sont en majorité de fabrication suisse. Elles servent à faire de longues camisoles, des lamba et des vêtements sur des modèles plus ou moins européens.

Pour les deux premiers usages, on vend de la flanelle blanche aux prix de 2 fr., 3 fr. et plus le yard, ainsi que de la flanelle à grands carreaux de 0 m. 12, noirs et rouges, valant de 1 fr. 65 à 2 fr. 50 le yard. Cette disposition quadrillée est très répandue ; elle existe aussi avec des éléments verts et noirs.

Les flanelles unies, de couleur, sont employées pour faire des pantalons et des vestons.

Il existe à Tananarive des tailleurs assez habiles, ayant l'habitude de confectionner des vêtements de coupe européenne. La couture est considérée comme un art noble et d'agrément ; elle est souvent pratiquée par des Hova appartenant aux castes supérieures ou occupant de hautes fonctions administratives.

Pour les vêtements de femmes et la lingerie

on trouve aussi de bonnes ouvrières ; la plupart ont été formées dans l'établissement que dirigent les sœurs de Cluny à Tananarive.

Soieries

Les étoffes de soie servant à faire des vêtements de femmes, ne sont employées que très exceptionnellement, même dans la capitale. Il faut remarquer en effet que, jusqu'à présent, les femmes sont restées beaucoup plus fidèles aux modes nationales que les hommes.

Les soieries ne sont donc importées qu'en petite quantité. La vente de ces articles n'est pas susceptible de se développer beaucoup. Ceux qu'on trouve actuellement sont fournis par la France, la Suisse et l'Angleterre. Les tissus qu'envoient ces deux dernières nations sont de qualité médiocre, mais peuvent se vendre à bas prix. C'est ce qu'il faut à Madagascar.

Vêtements confectionnés

Malgré la possibilité de faire dans le pays des habillements sur mesure, on vend à Tananarive beaucoup de vêtements confectionnés en

Europe. Ceux qui sont à bon marché ont seuls de l'écoulement.

Voici les principaux articles demandés avec l'indication du prix de vente ordinaire dans la capitale, qui est le seul point de l'île, où ils puissent trouver des acheteurs :

Vêtements complets noirs (pantalon et veston), 30 fr.

Vêtements complets en tissus de fantaisie (pantalon et veston), 30 fr.

Comme on le voit, les vêtements complets destinés à Madagascar ne comportent qu'un pantalon et un veston ou une redingote, et pas de gilet. Les Hova n'achètent jamais cette partie du vêtement ; ils en donnent pour raison que le gilet ne se voit pas lorsque le veston ou la redingote est boutonné. Il est donc inutile d'envoyer des gilets, puisqu'ils resteraient aux marchands qui seraient obligés de faire une réduction sur le prix total.

Pantalons en drap noir uni, suivant qualité, 9 à 12 fr.

Pantalons en drap de fantaisie, environ 10 fr.

Redingotes en drap noir (croisées), suivant qualité, 20 à 35 fr.

Les vêtements en flanelle dont la désignation suit sont aussi de vente courante :

Blouses en flanelle blanche avec ceinture (genre anglais), suivant qualité, 30 à 40 fr.

Vêtements complets en flanelle blanche (pantalon et veston français avec col droit); environ 30 fr.

Cette forme de veston se fait aussi dans le pays en toile de coton blanche ou écrue. C'est le costume adopté par les Européens dans les régions chaudes et il commence à se répandre parmi les Hova. Il est très pratique et bien approprié au climat; il permet, au besoin, de ne pas porter de chemise.

Même parmi les Hova qui s'habillent à l'européenne, et à part quelques exceptions dans les hautes classes, la chemise est jusqu'à présent peu en usage. Ceux qui en ont la mettent au-dessus du pantalon. Les chemises ainsi employées comme vêtements de dessus sont en flanelle dite américaine à grands carreaux de couleurs variées. Elles arrivent confectionnées et se vendent de 2 fr. 5 à 4 fr. 0.

Pour compléter la liste des vêtements qu'on peut placer à Tananarive, il faut encore citer des tricots en laine destinés à mettre au-dessous d'autres habits, des tricots en coton, genre canotier, à raies blanches et bleues, et des caleçons en coton. Tous ces articles doivent pouvoir se vendre très bon marché.

Chapeaux.

Les Hova portent généralement comme coiffure le chapeau de paille fabriqué dans le pays ; cependant on leur vend quelques chapeaux de feutre, mais en petite quantité. Certains fonctionnaires mettent un chapeau à haute forme noir avec leur costume officiel ; cette coiffure est si peu appropriée aux conditions climatériques que son usage ne peut pas s'étendre beaucoup.

Un certain nombre d'habitants de Tananarive ont adopté le casque en liège ou en moëlle de sureau qui protège bien contre le soleil. Le modèle le plus répandu est de provenance anglaise et se vend de 12 à 15 fr.

Chaussures.

Les chaussures ne sont en usage que dans quelques villes de l'Imerina et chez une partie très limitée de la population. Habituellement les Malgaches ont les pieds nus ; ils ne les protègent que lorsqu'ils ont à marcher dans des terrains où se trouvent des cailloux à arêtes aiguës, comme par exemple sur la route de Tananarive à Mojanga ; ils se mettent alors aux pieds des semelles en cuir maintenues par des lanières.

Les cordonniers hova font sur des modèles européens, des chaussures d'hommes qui ont bonne apparence, mais qui sont d'une qualité médiocre, parce que le cuir tanné dans le pays manque de résistance et parce qu'elles sont clouées au lieu d'être cousues. Le prix de ces chaussures étant très bas, celles qui sont importées n'ont aucun débit; il est inutile d'en envoyer.

Les femmes hova de la classe aisée portent au contraire des chaussures de provenance étrangère, même quand elles conservent pour le reste du costume les modes nationales. Comme les bottines et les souliers sont pour elles des objets de luxe et non d'utilité, puisqu'elles n'en mettent pas pour les marches fatigantes, elles recherchent des modèles ayant une certaine élégance, plutôt que de la solidité, mais restant à un prix peu élevé.

Les femmes hova ayant les extrémités fines, les chaussures de types variés que les fabricants enverront à Madagascar devront être choisies parmi les plus petites pointures.

Les accessoires des vêtements tels que cravates, gants, etc., ne peuvent se vendre que chez les hova et encore en très petite quantité.

Les objets qui servent à confectionner les habits (fil, boutons, agrafes, etc.) ont un certain débit dans toutes les parties de l'île. Ceux qui se trouvent dans le commerce sont d'ailleurs le plus souvent de fabrication française.

Bijoux

Les Hova portent peu de bijoux ; ceux qui sont en usage sont fabriqués dans le pays sur des modèles européens.

La bijouterie en faux, (particulièrement les boucles d'oreilles) peut trouver de l'écoulement chez les populations de la côte.

Sur le versant oriental et dans le centre, les perles en verroterie ne sont employées que pour faire des colliers ou des bracelets aux enfants.

C'est seulement dans les tribus du Sud, qui ne sont pas soumises aux Hova, chez les Bara et les Antanosy particulièrement, que les perles et les verroteries sont considérées comme ayant une certaine valeur. Parmi ces populations, l'argent coupé n'a pas cours et ces menus objets constituent une monnaie pour les achats. On vend à cet usage des verroteries dans les principales villes, surtout à Fianarantsoa et à Fort-Dauphin. Le débit n'en est pas grand, car les rapports avec ces tribus sont peu fréquents; les Hova sont traités, par elles en ennemis et jusqu'à présent elles ont été à peine visitées par les Européens.

HABITATION

Ainsi que je l'ai dit précédemment, on trouve dans les diverses parties de Madagascar des matériaux de construction. Néanmoins, dans certaines régions ou pour des usages spéciaux, on peut avoir intérêt à élever des bâtiments dont tous les éléments sont importés et dont il n'y a plus qu'à faire le montage sur place. Les différents types de constructions démontables sont donc susceptibles d'être quelquefois utilisés, notamment sur la côte et dans les lieux où l'on trouverait difficilement des ouvriers capables ; c'est ce qui arrive, par exemple, près des exploitations minières, souvent établies à une grande distance des centres de population.

Sur le littoral, quand on se borne aux ressources locales, le bois seul peut être utilisé ; les difficultés des transports empêchent de se servir de la pierre et de la brique qu'on exploite ou qu'on façonne dans le centre. Si l'on veut des bâtiments à l'abri de l'incendie, il est plus économique de recourir à des matériaux venant du dehors. C'est ainsi qu'à Tamatave quelques maisons sont construites en briques apportées de la Réunion, que de nombreux magasins y sont clos et couverts en tôle. Ce dernier système ne peut pas convenir à des habitations proprement dites, à cause de l'élévation de la température. Pour essayer de remédier aux inconvénients qui en résultent, on a employé de doubles parois et fondé sur ce principe plusieurs systèmes ingénieux de constructions démontables, mais, expérimentées à Diego-Suarez pour des bâtiments militaires et administratifs, elles n'ont pas répondu aux espérances. Le système des doubles parois métalliques constitue, en effet, à mon avis, une solution plus théorique que pratique de la protection contre la chaleur ; dans les pays tropicaux, portes et fenêtres sont presque constamment ouvertes ; dans ces conditions, l'équilibre s'établit quand même et très rapidement entre la température du dehors et celle de l'intérieur. Le seul moyen efficace de se mettre à l'abri de la chaleur est de construire des maisons du type arabe, avec des murs très épais en pierres, en briques ou en terre, avec d'étroites et peu nombreuses ouvertures, avec une cour intérieure complètement entourée par des bâtiments couverts de voûtes.

Les constructions entièrement métalliques, à simple ou à double paroi, ont encore l'inconvénient de posséder une sonorité gênante et d'être incommodes pour les aménagements intérieurs, puisqu'on ne peut pas y planter un clou. En outre, elles sont toujours coûteuses.

Quand, pour des causes exceptionnelles, on est forcé d'y avoir recours pour des habitations, il convient de les entourer d'une large verandah; celle-ci sera surtout utile pendant la saison des pluies qui est, en même temps, la période des grandes chaleurs.

L'emploi des matériaux importés est seulement avantageux pour certaines parties des constructions. Ainsi, en attendant que les fabriques de produits céramiques installées dans le pays puissent livrer à la consommation des tuiles de bonne qualité, les tuiles métalliques en zinc ou en tôle galvanisée pourront être employées à la couverture des bâtiments. Les différents modèles fournis par les usines françaises pèsent de 5 à 8 kilogrammes par mètre carré; le transport dans l'intérieur n'est donc pas très coûteux et n'augmente le prix d'achat que dans une faible proportion. Ces tuiles ont l'avantage de n'occasionner aucun déchet dans l'emploi du métal, de donner une étanchéité complète et de ne pas nécessiter d'ouvriers spéciaux pour la pose. Ce sont ces raisons qui en ont fait adopter pour la couverture de la nouvelle résidence de France, élevée récemment à Tananarive sous la direction de M. Jully.

Dans les villes de la côte, qui reçoivent les marchandises à la descente des navires, il sera en général préférable, quand on adoptera une couverture métallique, d'employer le zinc et la tôle par feuilles entières. En 1890, on en a importé par Tamatave pour une valeur d'environ 26 500 fr. principalement pour cet usage.

Verre à vitres

Le verre est aussi une matière qui doit forcément être importée. Sur la côte, beaucoup de maisons, même parmi celles habitées par les Européens, n'ont pas de vitres; les fenêtres sont simplement garnies de persiennes en bois qui restent ouvertes toute la journée. Dans le centre, et notamment à Tananarive, où la température est moins élevée, les fenêtres des maisons à l'usage des étrangers sont vitrées; l'usage du verre se répand un peu à la fois dans les habitations indigènes. Le seul obstacle que rencontre son emploi est le prix auquel on le vend, les frais de transport étant relativement considérables à cause du poids et de la fragilité de la matière.

Les caisses de verre envoyées à Madagascar ne doivent pas dépasser la force de deux hommes, afin de ne pas nécessiter le remaniement de l'emballage au port de débarquement.

Quincaillerie

La quincaillerie de bâtiment employée à Tananarive est de provenance américaine ou de fabrication hova. Les objets importés des Etats-Unis se vendent à un prix assez élevé; aussi, dans la construction ordinaire, se sert-on surtout de ceux fabriqués dans le pays.

La quincaillerie indigène laisse fort à désirer et n'est qu'une imitation grossière des modèles étrangers. Ceux vendus couramment sont en petit nombre et mal appropriés aux usages. Ainsi, pour la fermeture des portes, des fenêtres, des persiennes ou des armoires, on emploie presque uniquement un verrou, de forme dite *chassepot*, placé tantôt horizontalement, tantôt verticalement, et remplissant d'une façon très incommode les différents offices auxquels on l'applique.

Les fabricants d'objets de quincaillerie trouveraient certainement un débouché dans l'Imerina, s'ils y envoyaient des verrous, des targettes, des paumelles, des charnières, des crémones, ainsi que des serrures de modèles simples et pouvant se vendre à bas prix. Toutefois, ils ne pourront écouler à Madagascar que des objets présentant une certaine difficulté dans la fabrication, car les autres et aussi la grosse quincaillerie (pentures, équerres, ancres, etc.) sont fournis économiquement par les forgerons du pays, qui usent avec habileté de moyens primitifs et d'outils défectueux.

Papier de tenture.

Dans les parties de Madagascar où la maçonnerie est employée pour les habitations, les murs sont enduits intérieurement et badigeonnés. Le papier de tenture ne sert actuellement qu'aux maisons destinées aux Européens ou aux Hova de la classe aisée, mais son usage s'étend peu à peu dans l'Imerina.

Les fabricants français peuvent facilement fournir, dans de bonnes conditions de prix, des papiers de tenture convenant aux Hova. Les dessins doivent être voyants et les couleurs vives. Il n'y a aucun inconvénient à envoyer des types démodés en France; par exemple les tapisseries à sujets auront beaucoup de débit (1). Souvent les papiers qui nous paraissent de mauvais goût s'écouleront avant les autres.

MOBILIER

Meubles.

Les meubles de fabrication européenne — tables, chaises, fauteuils, lits, armoires — ne peuvent trouver d'acheteurs à Madagascar que dans des circonstances exceptionnelles. Tous ces objets se fabriquent dans le pays d'après des types importés et se vendent à bas prix. Les ouvriers hova peuvent même faire, quand ils ont un modèle, des meubles sculptés ; c'est ainsi qu'une partie du mobilier de la Résidence

---

(1) Les Hova admirent beaucoup les papiers sur lesquels sont représentés des personnages ou des animaux. Je citerai comme preuve ce couplet d'une chanson populaire de l'Imerina, recueillie et traduite par le docteur Catat :

Tranon'iza irony andrefan-d'Rova ?
Tranon d'Rainitsimba
Mitemitra taratasy
Misary soavaly !
Veloma aho re ! masina aho re !

A qui appartient cette maison à l'Ouest du Palais ? — C'est la maison de Rainitsimba — Aux salles tapissées de papier — Représentant des chevaux ! — Vivez ! soyez béni jusqu'au revoir !

de France a été exécutée; à part les bois, qui ne sont pas naturellement des mêmes essences, il est difficile de distinguer les meubles français des copies.

Néanmoins la ressemblance se borne le plus souvent à l'aspect extérieur et ne s'étend que rarement à la structure, dont les menuisiers hova ne se rendent pas bien compte. Les assemblages sont les parties défectueuses des meubles malgaches qui, pour cette raison, ne possèdent ordinairement que peu de solidité.

Etoffes

Les étoffes d'ameublement n'ont aucun débit. En général, pour recouvrir les sièges et pour confectionner les rideaux, on se sert de rabanes tissées dans le pays.

Dans l'Imerina cependant, on vend une certaine quantité de mousseline pour vitrages; elles sont utilisées à faire des rideaux de fenêtres et de lits.

USTENSILES ET OUTILS

Porcelaines et faïences

Les ustensiles de ménage en porcelaine ou en faïence blanche ou décorée — assiettes, plats, pots — sont maintenant assez répandus dans l'Imerina. Ceux qu'on trouve à Tananarive, dans les magasins européens ou au Zoma, sont de diverses provenances : les plus communs, seuls de vente courante, proviennent d'Allemagne ; ceux d'une qualité supérieure, dont le débit est restreint, sont fournis par la France et par l'Angleterre. Le prix de ces objets est élevé, comparativement à leur valeur ; il ne peut pas en être autrement, puisque, étant lourds et fragiles, ils nécessitent de grands frais pour leur transport. Il y aurait donc intérêt à en établir la fabrication dans le pays même.

Les Hova font, il est vrai, des poteries destinées aux usages domestiques ; ces poteries, de couleur rougeâtre, ont quelquefois une forme élégante, mais elles sont mal cuites et couvertes d'un vernis de mauvaise qualité ; elles sont donc fragiles, poreuses et, partant, peu propres à contenir les liquides. — Chez les Betsimisaraka, cette fabrication est beaucoup moins répandue et encore plus défectueuse ; dans la partie de l'île qu'ils habitent, on se sert de plats en bois. Les assiettes de faïence y sont de véritables objets de luxe ; les cases ne possèdant ni tables ni armoires, on les enferme, pour les préserver des chocs, dans un étui en jonc à réseau hexagonal suspendu aux parois de l'habitation.

Verrerie.

Les verres et les carafes de fabrication commune, ne trouvent quelques acheteurs que dans l'Imerina.

Les bouteilles se vendent à bas prix à Tananarive ; elles valent environ 0 fr. 20 au Zoma. Celles qui proviennent des arrivages de vins fins, de bière et de liqueurs sont en quantité suffisante pour alimenter le marché. — Au contraire, dans l'Est, aussitôt qu'on a quitté la côte, les bouteilles sont rares et très recherchées par les indigènes ; dans les échanges contre les marchandises du pays, elles atteignent une valeur qui peut s'élever jusqu'à environ 1 fr.

Les dames-jeannes qui, dans l'intérieur, servent au transport des liquides, sont d'origine allemande. Comme il est rare qu'on les rapporte à vide sur la côte, on vend dans les ports beaucoup de ces récipients.

Ustensiles de ménage.

Quelques Hova en rapport constant avec les Européens se servent seuls de fourchettes ; les autres et tous les Malgaches en général mangent avec les doigts. Il est donc inutile actuellement d'envoyer des fourchettes métalliques à Madagascar.

Les cuillers sont un peu plus recherchées, mais les indigènes préfèrent celles faites dans le pays, plus grandes en général que celles dont nous faisons usage. Dans les provinces, elles sont en bois ; dans l'Imerina, elles sont le plus souvent en corne, matière que les Hova travaillent habilement. Ces cuillers, faites avec soin, ont une jolie forme ; elles ne se terminent pas en pointe comme les nôtres, mais sont arrondies par le bout.

Les couteaux européens, de grande et de petite dimension, trouvent plus d'acheteurs dans les provinces que dans le centre et dans la capitale. Les Hova se contentent des couteaux fabriqués dans le pays ; ces instruments coupent mal et ont une trempe défectueuse, mais ils sont suffisants pour les usages courants et peuvent être remplacés à peu de frais.

Les ustensiles de ménage en fer-blanc importés à Madagascar n'y auraient aucun débit, car les ouvriers indigènes, surtout ceux de l'Imerina, les font convenablement. Les pots, les cuvettes, les chandeliers, les cafetières, les caisses de voyage qu'ils confectionnent sont solides et ont même quelquefois un aspect élégant. La ferblanterie est un des rares métiers que les Hova exercent avec habileté.

La matière première est fournie principalement par les boites dans lesquelles arrive le pétrole importé d'Amérique, néanmoins, on introduit aussi du fer-blanc en feuilles ; en 1890, il en est entré pour près de 12 000 fr. par Tamatave.

Les lampes à pétrole en cuivre se vendent maintenant assez couramment à Tananarive. Leur éclairage étant très supérieur à celui que produisent les chandelles malgaches, leur usage se répand de plus en plus. Il faut surtout envoyer de petits modèles brulant peu d'huile et pouvant se vendre bon marché. Les lampes métalliques sont préférées à celles en verre dont le réservoir se casse trop facilement.

Parmi les autres ustensiles de ménage, les marmites en fonte sont les seules qui soient l'objet d'un commerce important. Ces marmites servent à faire cuire le riz et les autres aliments. Dans l'Imerina, on applique souvent à cet office des vases en poterie de fabrication indigène, mais ils sont si peu solides qu'ils doivent être remplacés fréquemment. Dans les provinces, particulièrement dans l'Est où les poteries sont rares, on n'use que de marmites en fonte. Fussent-ils sans aucun rapport direct avec les Européens, les habitants des villages les plus reculés en possèdent. Souvent le même ménage en emploie plusieurs de différentes dimensions. C'est un article indispensable pour les commerçants qui font des échanges avec les indigènes.

Les marmites en fonte qu'on trouve à Madagascar sont de provenance américaine ou française. Elles sont de toutes tailles, avec ou sans couvercle, de forme hémisphérique ou plus hautes que larges et légèrement retrécies à la partie supérieure. Le modèle hémisphérique est le plus répandu, parce qu'en dehors des usages culinaires, les marmites servent à faire fondre la cire destinée à l'exportation et que cette forme permet au pain solidifié de se détacher facilement du vase.

Machines.

L'industrie étant jusqu'à présent à peu près nulle à Madagascar, on y emploie peu de machines ; et cette situation ne pouvant se modifier que lentement, les commerçants agiront prudemment en n'en envoyant que sur commande.

Les machines introduites jusqu'à ce jour étaient destinées soit aux fabriques de sucre établies sur la côte, soit aux mines, soit aux quelques usines appartenant au gouvernement et situées dans la province centrale.

Loin de prendre de l'extension, l'industrie sucrière périclite d'année en année ; dans plusieurs des usines qui existaient avant la guerre franco-hova, les travaux n'ont pas été repris. Quant aux mines, l'attention s'est portée de leur côté dans ces derniers temps ; elles nécessiteront un certain matériel industriel, quand on aura reconnu l'impossibilité de continuer à les exploiter par les moyens rudimentaires employés actuellement dans la plupart d'entre elles.

Les usines dépendant du gouvernement hova ont été pour la plupart fondées par M. Laborde. Elles ont été créées de toutes pièces, presque uniquement avec les ressources du pays. Longtemps, elles ont été abandonnées, mais, depuis quelques années, le gouvernement s'occupe de les remettre en activité et même d'en exploiter de nouvelles. Jusqu'à ces derniers temps, le gouvernement s'est adressé en Angleterre pour les machines dont il avait besoin, mais aujourd'hui qu'il a à son service, pour diriger ces établissements, des ingénieurs français, ceux-ci sans doute adresseront leurs commandes aux constructeurs de notre pays.

En dehors de ces usines et de la fabrique de produits céramiques, créée récemment par M. Iribe, et où il a installé un moteur à vapeur, l'Imerina ne possède actuellement aucune industrie nécessitant l'emploi de machines.

Plusieurs causes s'opposent du reste au développement de l'industrie dans les environs de la capitale. Le matériel nécessaire ne peut y être transporté qu'avec des frais énormes; il serait même de toute impossibilité d'y amener des machines un peu lourdes et dont les éléments ne pourraient pas se démonter. D'un autre côté, la force motrice artificielle ne peut pas être obtenue économiquement, puisque les combustibles minéraux font défaut à Madagascar et que les grandes forêts sont trop éloignées de Tananarive pour que le bois puisse y être employé d'une façon avantageuse.

Lorsque les industries se créeront à l'intérieur de l'île en dehors des zones forestières, c'est donc seulement par l'utilisation des chutes d'eau et du vent qu'on obtiendra la force motrice nécessaire.

Les premières sont très nombreuses. Dans des lieux convenablement choisis, il suffirait de quelques travaux peu importants pour obtenir, au moyen de roues hydrauliques ou de turbines, une quantité de force répondant à tous les besoins et susceptible d'être transportée électriquement à une certaine distance, si elle ne pouvait pas être utilisée sur place. C'est à ce moyen que la grande industrie devra avoir recours.

Quant aux moulins à vent, abandonnés peu à peu dans les pays où le combustible est abondant, ils peuvent encore rendre de grands services dans ceux où il est rare. Les moulins qu'on établirait à Madagascar pourraient facilement être construits et réparés par les ouvriers du pays. Ils constitueraient un excellent moteur pour la petite industrie indigène, d'autant plus que la conduite en est simple et n'exige guère de connaissances spéciales.

Outils.

On n'importe à Madagascar qu'une petite quantité d'outils servant au travail du bois, de la pierre ou des métaux; ceux qu'emploient les ouvriers hova sont généralement fabriqués dans le pays.

Les outils importés viennent surtout d'Angleterre et d'Amérique. Ils sont de bonne qualité, mais en raison des matières employées, de la façon assez soignée et du transport, leur prix de vente à Tananarive est élevé.

Les outils que font les Hova sont des imitations grossières de ceux introduits par les étrangers; le plus souvent, ils ne valent rien, tant à cause de leur forme que par suite du peu de résistance et de la mauvaise trempe du fer employé. Aussi ne conviennent-ils pas à un bon travail et s'usent-ils rapidement. Les ouvriers se résignent à les remplacer fréquemment, parce qu'ils peuvent en acheter de neufs à peu de frais.

Les ouvriers hova ne savent pas se servir de nos outils; c'est encore, en dehors du prix, une raison de leur préférence pour ceux de fabrication indigène, moins nombreux et plus simples ; ils suppléent à la perfection de l'outillage et à l'habileté professionnelle par une longue patience; elle seule leur permet, surtout quand ils n'ont qu'à copier un modèle, de faire des travaux convenables.

A cet égard, l'exemple des charpentiers et des menuisiers est caractéristique : même quand ils ont une scie à leur disposition, ils aiment mieux façonner un madrier ou une planche avec la hachette qui a servi à abattre l'arbre. J'ai vu aussi plusieurs fois des ouvriers travaillant sur un établi, au lieu d'employer le *valet*, dont ils connaissaient l'usage, maintenir avec le pouce d'un des pieds posé sur l'établi la pièce de bois qu'ils rabotaient ; ils étaient ainsi dans une position absolument gênante et impropre à l'exécution d'un ouvrage soigné.

L'Imerina, qui est, pour ainsi dire, la seule partie de l'île où les métiers soient constitués pourra devenir un marché pour nos outils, mais seulement quand on en aura appris la manœuvre et l'usage aux ouvriers.

Dans les autres provinces, les fonctions ne sont pas encore divisées : chacun est agriculteur, charpentier, tisserand suivant les moments et d'après les besoins ; le métier de forgeron seul est indépendant. Dans ces conditions, chacun ne sait se servir que d'un outillage rudimentaire fabriqué dans chaque région.

Tous les outils et instruments employés pour l'agriculture et les opérations qui en dépendent sont faits dans le pays.

MARCHANDISES DIVERSES

Armes.

Dans l'Imerina et dans toutes les parties de l'île soumises aux Hova, le commerce des armes est seulement toléré. Sur la côte orientale, par exemple, le nombre des indigènes possédant un fusil pour la chasse est très restreint.

C'est donc surtout au gouvernement hova qu'on peut vendre des fusils destinés à l'armée. Les modèles en usage sont variés : ils comprennent depuis le fusil à pierre jusqu'aux carabines de précision. Ces armes à feu proviennent en général des types réformés des troupes européennes.

Dans les tribus indépendantes de l'Ouest et du Sud, presque tous les indigènes sont armés de fusils. C'est le type connu sous le nom de « fusil de traite » qui sert aux échanges.

La poudre vendue sur la côte Est et dans l'Imerina est d'origine anglaise ou américaine.

Toutes les armes blanches, sabres et épées, se font dans les ateliers indigènes ; néanmoins chez les Hova, on peut vendre aux officiers de l'armée quelques sabres européens ; ils doivent être fort ornés, mais aucun type n'est réglementaire ; chacun s'arme suivant son goût.

Instruments de musique.

Les Malgaches ayant des aptitudes musicales assez développées, quelques instruments de musique pourront être importés, lorsque leur éducation sera un peu plus complète.

Actuellement, le seul qui soit de vente courante est l'accordéon ; beaucoup d'indigènes savent en jouer ; on en trouve dans tous les villages ayant eu quelques rapports avec les Européens.

Dans l'Imerina, le type le plus répandu est de forme hexagonale et d'origine anglaise. Quelques Hova qui ont étudié la musique et qui savent la lire, possèdent des instruments de fabrication soignée ; certains d'entre eux sont d'habiles exécutants : dans un concert donné à l'école anglaise de Tananarive, j'ai entendu jouer sur l'accordéon des morceaux d'Haydn et de Mozart.

Sur le littoral, c'est l'accordéon rectangulaire de fabrication française, allemande ou suisse qui prédomine. Les commerçants qui font des échanges devront être approvisionnés de ces instruments ; ceux d'une qualité ordinaire sont suffisants pour la clientèle malgache.

A Tananarive et dans le reste de l'Imerina où le protestantisme est répandu et où les temples sont assez nombreux, chacun d'eux renferme un petit harmonium. Ces instruments viennent ordinairement d'Angleterre.

Papeterie et librairie.

La plupart des écoles existant actuellement à Madagascar ont été fondées par les missionnaires anglais ou se trouvent sous leur influence directe ; ces missionnaires s'adressent dans leur pays pour les diverses fournitures qui y sont employées. Par suite des habitudes prises pendant leur jeunesse, les Hova conservent une préférence marquée pour la papeterie anglaise. Ce commerce nous échappe ainsi presque entièrement.

Les objets et les livres destinés aux écoles entrent en franchise sans payer les droits de douane.

Le papier que nos usines envoient à Madagascar est surtout employé à l'impression des journaux en langue française qui se publient à Tamatave et à Tananarive, ainsi que des divers ouvrages édités par les missionnaires catholiques dans leur librairie de Mahamasina.

Dans un rapport commercial publié en 1887, M. Ranchot signale le curieux commerce de vieux journaux illustrés que les Anglais font à Madagascar. Chaque gravure se vend environ 0 fr. 10. Il serait aisé de le faire dans les mêmes conditions avec les journaux français.

Parfumerie.

J'ai dit précédemment que les Malgaches fabriquent du savon ; mais comme il est trop caustique on lui préfère souvent le savon importé, particulièrement celui de Marseille

Dans l'Imerina, on vend aussi une certaine quantité de savons de toilette ; il faut qu'ils soient fortement parfumés et élégamment enveloppés. Le prix doit être peu élevé, mais la qualité n'a aucune importance. Les mêmes observations s'appliquent aux pommades, aux eaux de senteur, etc., qui trouvent aussi quelques acheteurs chez les Hova.

La parfumerie vendue à Madagascar est en général de provenance française.

Produits chimiques et pharmaceutiques.

Les produits chimiques qu'on peut placer à Madagascar sont en petit nombre.

Je signalerai seulement l'acide sulfurique, employé sur la côte et dans les zones forestières pour la préparation du caoutchouc. Il n'est pas vendu directement aux indigènes ; il leur est donné en échange d'une partie du caoutchouc qu'ils apportent dans les comptoirs, ou bien il leur est fourni d'avance pour une récolte future et la valeur en est déduite de celle des produits qu'ils viennent vendre plusieurs mois après.

La pharmacopée malgache est simple ; en dehors des plantes du pays, elle renferme peu de médicaments.

Pour citer quelques exemples, les médecins hova font entrer l'acide sulfurique dans la confection de diverses potions. A l'intérieur, la teinture d'iode est employée dans les affections syphilitiques ; à l'extérieur, l'alun sert contre les maladies cutanées.

L'usage du sulfate de quinine commence à se répandre parmi les indigènes. Les Hova sont atteints par la fièvre, comme les Européens, quand ils descendent sur la côte et, même chez les individus originaires des régions insalubres, l'immunité n'est pas absolue ; chaque village compte toujours quelques malades. La quinine, connue sous le nom de *fanafody fotsy* — le remède blanc — est une des premières choses qu'on demande à l'étranger de passage. Aussi les négociants qui vont faire des échanges dans l'intérieur doivent-ils en être pourvus.

Les médicaments dont se servent les Hova viennent généralement d'Angleterre ; ils sont de qualité médiocre. La quinine qu'on trouve dans le commerce est souvent falsifiée et presque absolument inerte.

CHAPITRE VIII

COLONISATION

CARACTÈRE DE LA COLONISATION

Bien que, depuis plus de deux siècles, les Français aient fondé des établissements à Madagascar et bien qu'à la suite des explorations faites dans ces dernières années le pays soit connu dans son ensemble, sinon dans tous ses détails, on est loin d'être d'accord sur la valeur de notre possession au point de vue de la colonisation et sur les moyens à employer pour en tirer parti. Les opinions les plus diverses et même les plus contradictoires sont, encore aujourd'hui, émises couramment sur chacun de ces points.

Relativement au premier d'entre eux, les uns représentent Madagascar comme étant d'une richesse et d'une fertilité merveilleuses, comme offrant, pour le présent et pour l'avenir, des ressources inépuisables ; d'après les autres, c'est un territoire absolument déshérité et dont l'exploitation ne peut rien rapporter. Des deux côtés, il y a de l'exagération ; elle vient sans doute de ce qu'on a étendu, à tort, à toute l'ile des observations recueillies sur des points isolés. Il est dangereux de faire des généralisations sur Madagascar à cause des variétés qu'y présentent le sol, le climat, les produits et les populations. Je les ai déjà signalées et je n'y reviendrai pas. Mais l'exposé détaillé, que j'ai fait dans les chapitres précédents et dans lequel j'ai essayé d'en tenir compte, montre, je crois, qu'une utilisation convenable des objets et des débouchés que le pays fournit, que surtout il est susceptible de fournir, lui donnerait pour nous une importance qui est loin d'être négligeable.

Quant à la colonisation, un simple coup d'œil jeté en arrière suffit pour voir que toutes les tentatives faites par la France ont successivement échoué. Depuis la concession accordée au dieppois Rigault, en 1642, jusqu'à la création de la Compagnie de Madagascar, en 1863, les expériences, fréquemment renouvelées, ont eu toujours le même résultat négatif ; et la colonisation individuelle n'a pas eu plus de succès que les entreprises collectives ou gouvernementales ; elle est actuellement à peu près nulle.

A défaut de résultats effectifs, la multiplicité de ces essais auraient dû au moins fixer l'opinion sur ce qu'il faut faire dans l'avenir pour mieux réussir. Il n'en est rien. Beaucoup de ceux qui s'occupent avec le plus d'ardeur, de conviction et de bonne foi des questions relatives à la colonisation de Madagascar ont, sur le caractère de cette colonisation, des idées qui conduiraient, selon moi, à de nouveaux échecs. Ils considèrent, en effet, que Madagascar doit devenir pour la France une colonie de peuplement où pourraient s'établir, vivre et prospérer un grand nombre de nos compatriotes (1). A mon avis, c'est là une erreur capitale.

(1) Je citerai à l'appui de cette opinion quelques extraits de publications récentes sur Madagascar.

« Si l'on tient compte que sa population estimée par les uns à deux millions et demi, par les autres à 5 ou 6 millions, n'est pas supérieure à 3 millions et demi on voit quelle énorme masse de terre elle met à la disposition de l'émigration d'un pays. Six ou sept millions de Français pourraient s'y établir sans qu'il fût nécessaire de dépouiller un seul naturel. » (Louis Pauliat, *Madagascar* page X).

. . . .

« En restant dans une appréciation modérée, cette île pourrait présenter la solution de la question sociale pour toute notre population du Midi. » (Louis Pauliat, *Madagascar*, page 141.)

. . . .

« Ce pays, plus grand que la France, est à peu près

D'une manière générale, un pays n'est susceptible de devenir une colonie de peuplement que si ceux qui viennent s'y établir, en émigrant de la métropole, peuvent, sans altérer gravement leur santé, s'y livrer aux travaux manuels et particulièrement à ceux de l'agriculture. Dans les régions tropicales et à Madagascar en particulier, le climat ne permet évidemment aux Européens de le faire que dans des cas exceptionnels. Toutes les parties de l'ile dans lesquelles le climat général n'est pas modifié par quelque circonstance particulière telle que l'altitude, c'est-à-dire tout le littoral, qui est la région la plus fertile et possédant la plus grande valeur relativement aux cultures, se trouvent incontestablement dans ces conditions. Pour les Français travaillant de leurs bras, elles sont inhabitables.

A l'intérieur, quand on s'éloigne de la mer, le terrain s'élève rapidement ; le massif central

vide d'habitants (deux millions cinq cent mille) et pourrait nourrir une population de quarante millions d'âmes. Les naturels sont doux, intelligents, assimilables, dévoués. De vastes espaces sont inoccupés. Ils attendent nos émigrants que nous laissons se perdre dans le monde entier, nos souffreteux, nos pauvres sans feu ni lieu, sans pain ; nos misérables que la lutte pour la vie élimine et étouffe, ou déclasse et pousse au crime sur notre vieux sol d'Europe trop encombré. (F. de Mahy. *Autour de l'île Bourbon et de Madagascar*, page 103.)

est à une altitude moyenne telle que la température y est très supportable. C'est là seulement que pourraient s'établir des colons agriculteurs, mais, dans cette partie de l'île, la population indigène est dense, les villages sont populeux et très rapprochés. Tout le terrain cultivable, placé en général dans le fond des vallées, est occupé par les habitants actuels et transformé en rizières ; presque partout, il est impropre à une autre culture. Ailleurs, le sol argileux, percé de nombreuses émergences de granite, est absolument stérile ; il n'y pousse et ne peut y pousser qu'une herbe maigre et rare. A part quelques points situés loin des centres de population et encore inutilisés par la culture, on n'aurait du terrain pour les colons qu'en en dépossédant les indigènes, et celui qu'on se procurerait en adoptant un pareil système ne serait que d'une faible valeur pour les Européens.

Un autre obstacle au peuplement de Madagascar, c'est l'insalubrité qui résulte, non du climat, mais de circonstances locales. Elle a a été exagérée, mais elle est réelle et n'est pas limitée, comme on le dit souvent, à quelques cantons du littoral. A des degrés divers et pour des causes différentes, presque toutes les parties de l'île sont malsaines.

La partie la plus insalubre de Madagascar est incontestablement la côte orientale. Les fièvres paludéennes y sont à l'état endémique et prennent fréquemment chez ceux qu'elles atteignent un caractère pernicieux. Elles naissent probablement des émanations produites par les lagunes dont l'eau, le plus souvent stagnante, est remplie de matières organiques en décomposition ; elles naissent aussi de celles produites par les vastes espaces inondés pendant l'hivernage, mais restant à découvert, à demi asséchés, pendant le reste de l'année, tandis que toutes les dépressions demeurent continuellement transformées en marais qu'alimentent les pluies et qu'envahit une épaisse végétation palustre. Toutes ces particularités du régime des eaux jointes à la grande chaleur, qui règne sans interruption sur la côte et qui en augmente les mauvais effets, mettent le littoral dans les plus fâcheuses conditions sanitaires.

Il ne serait évidemment pas impossible de les faire disparaître, au moins en partie. A la fin du siècle dernier déjà, Lescallier, qui avait été chargé d'étudier la question de la colonisation à Madagascar, a indiqué dans son rapport la nécessité d'exécuter des travaux pour assainir le pays. Selon lui, il suffirait pour y arriver, d'employer les moyens en usage sur la côte de Coromandel qui, étant dans les mêmes conditions topographiques, est sujette aux mêmes inconvénients. « On y remédie, dans ce dernier pays, écrit-il, en creusant annuellement dans la saison pluvieuse, une embouchure artificielle aux rivières ; un petit canal creusé de quelques coups de pelle suffit ; la force des eaux lui a procuré bientôt la largeur et la profondeur nécessaires. » (1)

Je ne crois pas que les travaux à effectuer dans le but de supprimer les foyers fébrigènes de la région côtière orientale soient aussi simples que le déclare Lescallier. Il suffit, pour s'en rendre compte, de considérer que les lagunes s'étendent de Tamatave au Sud de Mananjary, sur une longueur de plus de 400 kilomètres, et qu'elles sont entourées de marécages ne communiquant entre eux ou avec elles que d'une façon temporaire pendant la saison des pluies. L'assainissement plus ou moins complet du littoral n'est pas impossible, mais il serait certainement long, pénible et coûteux. Tout en indiquant le principe des moyens à employer

---

(1) *Mémoire relatif à l'île de Madagascar*, par le citoyen Lescallier, associé, lu le 17 Fructidor, an 9 (Institut national ; Sciences morales et politiques. Tome IV, 1803. — Vol. 10.)

pour détruire l'insalubrité qui a toujours été un des principaux obstacles à la colonisation de Madagascar, Lescallier n'a pas vu les difficultés que son application entrainerait ; s'il avait fait un long séjour dans le pays (1), il aurait apprécié plus exactement l'importance des travaux nécessaires et il n'aurait sans doute pas dit comme conclusion à son mémoire : « Il serait malheureux que pour quelques marécages et quelques eaux stagnantes qui, dans plusieurs cantons de l'ile, rendent les bords de la mer malsains dans une saison de l'année, inconvénients auquel il est facile de remédier, le gouvernement négligeât les vues que présenterait l'occupation de cette ile et l'attention nécessaire pour nous y consolider par une prise de possession fondée sur le consentement des peuples et sur l'amélioration de leur sort ou par des établissements solides, quoique partiels, dans divers cantons de l'ile. »

Si, à Madagascar, le paludisme se trouvait localisé sur la côte et dans le voisinage des lagunes, l'inconvénient, quoique considérable, puisque ces régions sont les plus fertiles et celles où les diverses plantations réussissent le

---

(1) Lescallier, qui est allé à Madagascar en Août 1792, n'y est resté que six jours et n'a visité que les environs de Foulpointe.

mieux, n'aurait qu'une importance restreinte. Tout en étant, d'une manière générale, dans de moins mauvaises conditions hygéniques, la zone intermédiaire renferme beaucoup de points à endémies aussi redoutables que celles du littoral. C'est une conséquence des caractères topographiques et géologiques de cette partie de l'île.

Le sol, en effet, y est argileux, par suite, imperméable ; et comme, en même temps, il est très tourmenté, on voit, même à des altitudes élevées, de nombreuses dépressions où l'eau s'accumule sans avoir d'écoulement possible et où elle forme des marais. Ce sont autant de foyers pestilentiels, particulièrement lorsque les eaux, baissant par l'évaporation, laissent à découvert des plantes aquatiques qui meurent et se corrompent. Quand un de ces marais se trouve dans une vallée encaissée et abritée contre les vents, il n'est pas rare de constater dans les environs des fièvres paludéennes intenses qui atteignent non seulement l'étranger de passage, mais encore l'indigène, malgré sa plus grande résistance.

C'est aussi dans la zone intermédiaire qu'on rencontre la plus grande partie des forêts ; elles maintiennent une humidité constante à la surface du terrain, recouvert d'une accumulation de débris végétaux décomposés ; elles opposent, par leur masse, un obstacle à l'action des vents. Plusieurs des conditions favorables à la production des affections paludéennes se trouvent ainsi réunies. Sans avoir l'intensité morbide de celles qu'on constate dans les forêts de l'Annam, du Laos et du Brésil, les fièvres des bois sont fréquentes à Madagascar.

Certains travaux pourraient contribuer puissamment à l'assainissement de la région moyenne. Les plus efficaces seraient sans doute ceux destinés au desséchement des marais, à leur terrage ou à leur mise en eau, de façon à les supprimer complètement ou à les rendre inoffensifs. Quelques défrichements pourraient aussi être utiles, mais ils devraient être faits avec beaucoup de méthode et après une étude attentive des conditions locales ; ceux que pratiquent actuellement les indigènes pour se procurer des terrains propres aux plantations sont plus nuisibles qu'avantageux.

Mais on doit aussi et surtout attendre de bons résultats du développement de la culture. Les opérations multiples qu'elle nécessite entraînent des modifications favorables à l'assainissement. En labourant les terres et en les défonçant, en y introduisant des amendements, on augmente sensiblement la perméabilité du sol et on fait pénétrer l'air et l'eau dans les profondeurs ; par les plantes qu'on cultive, on produit une puissante évaporation qui assèche la superficie. L'exemple de certaines parties de l'Algérie, qui, au début de la colonisation, étaient redoutables par les fièvres et qui ont été complètement transformées, est là pour montrer les améliorations qu'on peut obtenir dans un temps relativement court.

Le massif central est la partie la plus saine du pays. L'insalubrité est cantonnée dans les environs de certaines rizières et bornée au temps où les eaux qu'on entretient à leur surface sont stagnantes et à celui où on les met à sec pour les façons qu'on donne au terrain ou pour la récolte. L'impossibilité pour les colons de s'y établir en grand nombre tient donc, comme je l'ai dit, à une autre cause : l'occupation actuelle de la presque totalité du sol cultivable par les indigènes.

En raison de ces conditions qui sont, il est vrai, modifiables, mais en partie seulement, puisque le climat, avec sa chaleur et son humidité débilitantes, restera toujours le même, il ne faut pas compter que Madagascar puisse jamais recevoir une grande quantité d'émigrants. Les colonies où de nombreux Européens sont venus se fixer et où la population a pris un développement important se trouvaient, par rapport à la métropole dans des conditions autres que celles présentées par notre possession africaine. Si, par exemple, la Nouvelle-Zélande est devenue, en moins d'un siècle, puissante et prospère, si la population anglo-saxonne s'y accroit dans une proportion rapide, tant par l'excédent des naissances sur les décès que par celui de l'immigration sur l'émigration, c'est parce que les îles qui la constituent ont offert aux nouveaux occupants, en même temps que de grandes richesses naturelles à mettre en valeur, un climat d'une douceur et d'une salubrité exceptionnelles. Le colon anglais y trouve, avec un vaste champ ouvert à son activité, un milieu aussi bon et, à beaucoup d'égards, meilleur pour la vie que dans sa patrie.

Il faut aussi remarquer que le peuplement par des Européens des colonies telles que la Nouvelle-Zélande a été facilité par la disparition correspondante des indigènes. Dans la concurrence vitale qui s'établit forcément entre les habitants primitifs d'un territoire et ceux qui viennent s'y installer, les premiers, par suite de circonstances diverses, mais d'ordre moral aussi bien que matériel, résistent d'autant moins que leur état social a une plus grande infériorité. A ce point de vue, c'est précisément dans les parties de Madagascar où les Français vivraient le plus facilement, c'est-à-dire dans le massif central, qu'ils rencontreraient les plus grands obstacles de la part de la population actuelle. Les Hova sont arrivés à un degré de civilisation qu'il ne faut pas exagérer, mais qu'il serait injuste de nier; dans tous les cas, il est bien au-dessus de celui des peuplades de la côte, restées presque à l'état sauvage. Dans les provinces du centre, si on écarte le procédé consistant à détruire ou à dépouiller plus ou moins ostensiblement les indigènes, procédé qui n'est pas heureusement dans nos traditions, le peuplement par substitution serait long, difficile et peut-être impossible, parce que les Hova et les quelques tribus qu'ils ont pu arriver à s'assimiler, puiseraient dans leurs institutions, dans leurs mœurs et dans leur organisation sociale une grande force pour s'opposer à notre action. D'un autre côté, comme le sol de cette région n'offre que des ressources limitées et presque totalement utilisées actuellement, le peuplement par juxtaposition, tel qu'il est pratiqué par nous en Algérie (1), n'est pas susceptible non plus de prendre beaucoup d'extension.

(1) Les recensements de 1881, 1886 et 1891 montrent une augmentation constante de la population indigène comme de la population française. Voir à ce sujet le rapport de M. A. Burdeau dans son ouvrage : *L'Algérie en 1891*.

Au contact d'un afflux européen considérable, les peuplades de la côte, qui appartiennent à une race inférieure et qui ne possèdent qu'une civilisation rudimentaire n'offriraient évidemment pas la même résistance. Comme les Maoris qui s'éteignent peu à peu, les Malgaches disparaîtraient au bout d'un certain temps, s'ils n'étaient pas protégés par les conditions climatériques et sanitaires des territoires qu'ils habitent. Cette protection est tellement efficace qu'elle leur a suffi jusqu'à présent contre les Hova; ceux-ci ont fait la conquête militaire de certaines provinces du littoral mais ils n'en occupent pas le sol; ils ont, dans ces provinces, des soldats, des administrateurs et quelques rares commerçants, mais la population est restée composée uniquement des vaincus. Malgré la richesse plus grande des terres basses, les Hova restent cantonnés sur les montagnes presque stériles où ils vivent à l'étroit. Une immigration européenne ne manquerait pas, à plus forte raison, de se buter contre des obtacles qui ont arrêté l'expansion des Hova malgré le voisinage, la similitude de la langue et une manière de vivre s'adaptant mieux que la nôtre aux conditions extérieures.

Par suite des raisons qui précèdent, je crois donc que Madagascar ne peut pas devenir pour la France une colonie de peuplement. La possession de cette ile n'en a pas moins pour nous une réelle importance, à condition qu'on se rende exactement compte de la façon dont on peut l'utiliser et qu'on n'emploie que des procédés appropriés au but qu'on se propose d'atteindre.

Ce but n'est autre que la mise en valeur, au profit des intérêts français, des richesses naturelles que le pays renferme, ainsi que des ressources qu'il présente pour l'agriculture, l'industrie et le commerce. En résumé, Madagascar doit être une colonie d'exploitation. Ce terme jouit actuellement d'un certain discrédit qui n'a, à mon avis, aucune raison d'être, si on n'en étend pas la signification au-delà des limites que je viens d'indiquer.

Du caractère que doit prendre et conserver la colonisation, résultent des conséquences très nettes, aussi bien relativement aux conditions qu'auront à remplir les colons et aux moyens dont l'usage leur permettra de réussir que relativement à la conduite à tenir à l'égard des indigènes. Je vais les examiner rapidement.

CONDITIONS DE LA COLONISATION

Nous avons déjà dit que le climat de Madagascar comme celui de la plupart des pays tropicaux ne permet pas aux Français d'y travailler de leurs bras, au moins d'une façon continue. Les colons doivent donc avoir recours, dans une large mesure, à la main-d'œuvre indigène ; leur rôle se bornera d'abord à former cette main-d'œuvre, ensuite et principalement à en diriger l'emploi.

Même si les colons pouvaient travailler manuellement sans compromettre leur santé, ils ne sauraient lutter contre les ouvriers du pays. Ceux-ci ont une manière de vivre qui leur permet de se contenter d'un faible salaire ; pour la nourriture, le vêtement, l'habitation, ils savent profiter des ressources qui sont à leur portée pour se procurer le nécessaire à peu de frais et même quelquefois sans rien dépenser. Le colon se trouve dans un état absolument différent : il apporte avec lui des habitudes, des goûts, des besoins naturels ou artificiels qui rendent son existence matérielle beaucoup plus coûteuse ; d'ailleurs, le plus souvent, il n'émigre que pour améliorer sa situation ; or. ce n'est pas avec le gain d'un ouvrier indigène, quand il serait doublé et triplé, qu'il obtiendra à Madagascar l'équivalent de ce qu'il avait en France, même si sa position y était peu aisée. Un travail rendu très pénible par le climat et un salaire insuffisant pour payer les choses nécessaires à la vie d'un homme aussi accoutumé au bien-être que l'est le Français, voilà ce qui attend à Madagascar celui qui n'y arrive qu'avec ses bras.

C'est donc seulement dans des circonstances exceptionnelles et pendant un certain temps que des ouvriers manuels pourront trouver place à Madagascar. Ils n'y seront utilisables que s'ils connaissent un métier spécial ; et pour être employés de la façon la plus convenable à la colonisation, ils devront plutôt servir d'instructeurs et de surveillants que travailler par euxmêmes.

A Madagascar, les intelligences et les capitaux sont plus nécessaires que les bras. Les colons n'y réussiront qu'en possédant une compétence sérieuse en rapport avec les travaux qu'ils veulent entreprendre, et aussi une certaine quantité d'argent.

C'est une illusion assez courante de croire que tout est facile dans les pays neufs, parce que la concurrence y est moins grande et parce que certaines circonstances extérieures sont plus avantageuses qu'en France. On reconnaitra l'erreur en remarquant que, presque toujours, dans une entreprise agricole ou industrielle aux colonies, tout est à créer et qu'on ne dispose pour le faire ni de tous les moyens nécessaires, ni d'exemples permettant de s'appuyer sur l'expérience d'autrui. On n'aura donc chance de réussir que si on connait à fond toutes les ressources de cette culture ou de cette industrie, toutes les difficultés qu'elle rencontre et tous les procédés susceptibles d'être employés pour les surmonter.

Si j'insiste sur la nécessité de connaissances spéciales chez les colons, c'est parce que, depuis mon retour en France, j'ai eu l'occasion de m'entretenir avec plusieurs personnes qui projetaient d'aller s'établir à Madagascar. Elles étaient, toutes, animées d'une grande bonne volonté, de beaucoup de courage et certaines possédaient des capitaux ; mais, à part quelques exceptions, elles ignoraient absolument les conditions du milieu dans lequel elles allaient se trouver et étaient prêtes à faire de tout, indifféremment, en s'inspirant des circonstances. Un échec est ainsi rendu presque inévitable. Si, en colonisation, les idées arrêtées ont leurs inconvénients, l'absence d'idées et de plan en produit d'autres non moins grands. Celui qui connait le mieux une industrie ou un genre de culture se heurtera déjà à d'énormes obstacles dûs aux conditions particulières du pays, analogues peut-être, mais jamais identiques, à celles qu'il aura rencontrées ailleurs. Ces obstacles deviendront insurmontables si on y ajoute une inexpérience personnelle et si on néglige de s'entourer de tous les renseignements de nature à faciliter le succès.

Les capitaux à engager à Madagascar devront être assez considérables, surtout au début. Pour coloniser, il faut beaucoup d'argent. Il en faut peut-être plus qu'ailleurs à Madagascar, puisque, dans beaucoup de ses parties, c'est un pays où rien n'a été fait ni par d'anciens colons, ni par les populations, ni par le gouvernement local. Si, par exemple, on veut créer une exploitation agricole, le plus souvent on aura un terrain vierge qu'il faudra défricher, aménager et planter, sur lequel il faudra construire des habitations et des magasins. Si on fonde une manufacture, les bâtiments, le matériel, l'instruction du personnel indigène, les voies de communication qu'il sera indispensable d'établir, entraineront de grands frais. Le commerce exigera des approvisionnements, des voyages coûteux dans l'intérieur, la création de postes, en dehors du comptoir principal. Dans tous les cas, il faudra attendre, souvent pendant un long temps, car rien de tout cela ne rapportera immédiatement : les plantations ne donneront de produits qu'au bout de plusieurs années, les industries reposent sur des cultures qui seront soit à créer, soit à développer, et qui nécessiteront de longs ouvrages préparatoires, les entreprises commerciales ne seront en pleine activité qu'après qu'on aura établi des relations suivies avec les indigènes.

L'importance des capitaux nécessaires à Madagascar exigera sans doute, dans beaucoup de cas, la formation de sociétés disposant de moyens d'action plus puissants que des individus isolés. Elles seules pourront, en général, entreprendre les grands travaux nécessaires à l'exploitation rationnelle de vastes territoires, faire des essais comparatifs que des particuliers seraient dans l'impossibilté de tenter et créer tout l'outillage de la colonisation. Elles auraient aussi les moyens de faire appel aux spécialistes dont la compétence est indispensable, surtout pendant la période du début.

Jusqu'à présent les capitaux ont manqué : c'est ce qui explique pourquoi la colonisation de Madagascar est si peu avancée. L'argent, qui abonde en France et qui y trouve de plus en plus difficilement des placements avantageux, donnerait, dans notre possession africaine, des bénéfices assurés, si on le mettait au service d'entreprises bien conduites et convenablement étudiées au préalable.

Il me parait inutile de m'étendre davantage sur ces considérations, forcément un peu générales et s'appliquant autant à tous les pays neufs qu'à Madagascar en particulier. Pour en finir avec ce sujet, je dirai pourtant quelques mots encore des différentes branches dans lesquelles l'activité des colons peut s'exercer ; suivant qu'ils seront disposés à faire de l'agriculture, de l'industrie, du commerce ou des travaux publics, ils devront, en effet, tenir compte de certaines circonstances spéciales dans lesquelles se trouvent les diverses régions du pays.

Sur le versant oriental, dans la région moyenne et aussi dans le Sud, existent de vastes espaces propres aux cultures dont j'ai parlé précédemment. Le littoral convient particulièrement aux plantations coloniales telles que celles de la canne à sucre, du cacao, de la vanille, tant à cause de la fertilité du sol que de la facilité relative d'écouler les produits ; c'est aussi une région peuplée qui serait abondante en main-d'œuvre sans certains obstacles qu'on pourrait, comme je le montrerai, faire disparaître aisément.

Les exploitations agricoles n'exigent que des capitaux restreints ; des colons isolés ayant quelques ressources peuvent les établir avec chances de succès sur différents points de la côte ; ils trouveront dans le rapport commercial de M. d'Anthouard, que j'ai déjà eu l'occasion de citer (1), des renseignements détaillés sur la somme à dépenser pour préparer le sol, faire les plantations et les travaux accessoires. A cause des frais généraux, ces plantations ne peuvent être productives que si elles ont une certaine étendue ; toutefois, il ne faut pas l'exagérer relativement au capital dont on dispose, puisque, pendant un certain nombre d'années, variable suivant les cas, le produit sera nul et que, surtout au début, se multiplieront les dépenses imprévues. Plus d'une plantation a dû être vendue dans de très mauvaises conditions par celui qui l'avait créée et qui ne pouvait attendre le moment où elle serait en plein rapport. D'après les renseignements que j'ai pris sur la côte orientale, il faut de 12 000 à 15 000 fr. pour établir une plantation viable.

(1) *Journal officiel* du 21 juin 1891.

C'est surtout pour les cultures nouvelles qu'ils voudraient introduire que les colons auront absolument besoin de connaissances pratiques et spéciales. Il ne suffit pas en effet de savoir que les conditions générales du sol et du climat conviennent à une plante : il faut tenir compte d'une série de circonstances locales relatives à la nature du terrain, à l'altitude, à l'exposition, à l'humidité, aux vents dominants. Les expériences sont toujours coûteuses en agriculture, parce qu'elles demandent beaucoup de temps pour être décisives.

La mise en valeur de la région moyenne présentera plus de difficultés et exigera des ressources plus fortes ; cela tient à l'absence de voies de communication et à la dissémination des habitants. D'ailleurs, on manque d'observations suffisantes sur la qualité des terrains qu'elle renferme. On a dit souvent que cette zone possède à la fois les avantages de la côte et ceux du centre : elle en réunit peut-être plutôt les inconvénients. La population y vit dans un état de misère dû certainement à sa paresse, mais qui tient aussi à une pauvreté réelle et fréquente du sol. Il semble pourtant que certaines cultures, par exemple celle des **caféiers**, y réussiraient bien.

L'exploitation des richesses naturelles fournies par les mines et par les forêts demande plus d'argent que l'agriculture en raison des travaux préparatoires et du matériel qu'elle nécessite. Elle se fait ordinairement par voie de concessions qu'accorde le gouvernement hova en échange d'une part des produits. Pour être fructueuse, elle doit être organisée sur une vaste échelle et posséder un outillage puissant.

Malgré des tentatives renouvelées à diverses reprises, l'industrie proprement dite existe à peine à Madagascar. Dans l'état actuel des chemins, il ne faut pas songer à fabriquer, dans l'intérieur, des objets qu'on exporterait ; on sera même souvent gêné pour écouler ceux destinés à alimenter les marchés indigènes ; à cause des transports, il sera parfois plus économique de les faire venir du dehors. C'est dans l'Imerina, ou à proximité de cette province qui contient les plus grandes agglomérations de consommateurs, que les diverses industries auront le plus d'intérêt à se placer. Parmi celles qui donneraient immédiatement de grands bénéfices, on peut citer la fabrication des produits céramiques, la tannerie et surtout la filature et le tissage du coton.

Je ne reviendrai pas sur les mesures que doivent prendre les commerçants pour augmenter leurs opérations. Je rappellerai seulement que ceux qui voudraient s'établir à Madagascar ne feront des affaires importantes qu'en s'éloignant des points où les négociants sont actuellement concentrés et en allant dans des régions où ils trouveront de nouveaux clients. Ils n'arriveront, du reste, à lutter d'une manière efficace contre la concurrence étrangère que s'ils sont aidés par les industriels français ; ceux-ci devront s'inspirer, pour la confection des produits destinés à Madagascar, des besoins et des habitudes des indigènes, au lieu de vouloir leur imposer ceux qu'ils sont habitués à fabriquer.

A l'égard des travaux publics, aucun pays ne les exige plus que Madagascar et aucun ne songe moins à les faire. Parmi ceux qui s'imposent, je ne citerai que la construction des routes, des ponts, des ports, des phares, l'assainissement de certaines régions, l'aménagement des cours d'eau pour la navigation ou l'irrigation. Ceux qui seraient tentés par ce vaste programme, dont la réalisation a tant d'importance pour le développement de la colonisation, ne trouveraient actuellement que de l'hostilité ou, du moins, de l'indifférence auprès du gouvernement local. On peut prévoir qu'il ne modifiera sa conduite à ce sujet que lorsqu'il y sera forcé. Comme il ne dépend pas des capitalistes et des entrepreneurs d'exercer sur lui une action coercitive, ils n'ont, pour le moment, qu'à s'abstenir.

On voit donc qu'en résumé il faut à Madagascar des colons en petit nombre, mais possédant des capacités sérieuses et disposant de capitaux importants. Le reste se trouvera dans le pays, si on sait se concilier la bienveillance des habitants.

L'attitude que nous devons prendre envers les indigènes est une conséquence du caractère de la colonisation. Il faut chercher à faire d'eux des auxiliaires pour nos colons et des acheteurs pour nos produits. Ces deux résultats sont d'ailleurs intimement liés entre eux.

De même que notre intervention est utile pour tirer parti des ressources que contient Madagascar et que ses habitants laisseraient improductives, de même aussi nous ne saurions nous passer des Malgaches pour atteindre ce but. Si nous nous réservons la direction, nous devons, dans leur intérêt comme dans le nôtre, leur attribuer une large part dans l'exécution. On commettrait même, selon moi, une erreur grave en ne leur demandant qu'une aide purement matérielle ; ils deviendront pour nous des auxiliaires intelligents, pourvu qu'une instruction visant spécialement ce but leur soit donnée. A ce sujet, presque tout est encore à faire.

En dehors des services qu'ils rendront directement en travaillant dans les plantations et les usines, les Malgaches pourront aussi exercer les métiers qui forment les accessoires obligés de ces exploitations ou qui seront rendus indispensables par les besoins d'une population européenne un peu plus forte. Aucune industrie n'est pleinement indépendante et ne se suffit à elle-même ; en général, elle exige le concours d'industries moins compliquées, elle réclame la fabrication de certains objets secondaires, ou bien encore le travail de la manufacture est précédé ou suivi de transformations diverses de la matière première ou du produit fabriqué. Si on le trouve sur place, il semble bien inutile de faire venir de la métropole le personnel nécessaire à la préparation de ces objets ou à ces opérations.

Un but intéressant à poursuivre est donc la constitution ou le perfectionnement des métiers parmi la population indigène ; ils n'existent actuellement que chez les Hova ; encore plusieurs sont-ils restés à l'état rudimentaire ; comme je l'ai dit, les ouvriers ne possèdent que des instruments de travail imparfaits et manquent de connaissances aussi bien que de traditions ils ne savent se servir ni de nos outils, ni de nos méthodes, et ils n'en ont pas qui leur soient propres.

Quel est le moyen pratique de donner aux Malgaches les connaissances qui leur font défaut ? Il ne faut pas attendre la réalisation de ce progrès de leur seule initiative. Les plus intelligents d'entre eux, les Hova, apprécient certainement l'importance et la valeur de notre organisation industrielle, mais ils sont incapables de comprendre quel en a été le lent développement. S'ils envoient chez nous des jeunes gens pour y puiser une instruction technique, ils voudront, même en l'absence de toute préparation scientifique sérieuse, en faire des ingénieurs et non des ouvriers habiles ; de même, ils achèteront des machines, mais ils n'en raisonneront pas assez la marche et la construction pour pouvoir en modifier le plus simple organe. Dans la fièvre d'imitation qui les excite depuis quelques années, ils veulent arriver tout de suite au but, mais ils risquent fort de ne pas l'atteindre, faute de prendre le chemin long, mais sûr, au bout duquel il est placé.

Il ne faut pas non plus espérer que cette instruction spéciale des Malgaches se fera par les colons. Les ouvriers européens qu'ils seront forcés d'employer au début, absorbés par la préoccupation de leur intérêt, chercheront à produire le plus possible et se serviront des indigènes comme manœuvres, sans se soucier de leur apprendre soit méthodiquement, soit même empiriquement, nos métiers. Ce serait pour eux et pour les chefs d'exploitation, du moins ils le supposeraient, du temps perdu.

Dans ces conditions, l'instruction technique des indigènes, ayant un caractère d'utilité générale, rentre forcément dans les attributions du Protectorat. Il nous appartient de faire parcourir sous notre direction, aux populations qui y sont soumises, les étapes nécessaires entre leur civilisation et la nôtre. C'est une charge que nous devons remplir au point de vue industriel, comme à d'autres points de vue dont je n'ai pas à m'occuper ici, en échange des avantages que nous retirons ou que nous pourrions retirer de la possession des colonies, et même pour augmenter ces avantages.

Dans cet ordre d'idées, la création d'écoles professionnelles dans les principaux centres de colonisation rendrait de grands services, malgré l'imperfection de ce procédé pour des arts qui doivent normalement s'assimiler par un exercice raisonné et l'imitation : par l'apprentissage, en un mot. On y enseignerait le travail du bois, du fer et des autres matières premières, ainsi que diverses spécialités en rapport avec les exigences locales. Si on trouve que c'est trop demander, actuelllement, que l'installation de pareils établissements, on pourrait, en attendant, profiter des travaux divers que le service du Protectorat aura l'occasion d'exécuter pour former des ouvriers indigènes en cherchant plutôt, dans certains cas, à perfectionner la main-d'œuvre qu'à lui faire rendre le maximum d'effet directement utile.

En favorisant le développement des arts techniques, on craindra peut être de créer à nous-mêmes et à nos colons une concurrence. Ce danger est chimérique. Il ne s'agit pas d'importer en bloc toute notre industrie mécanique à Madagascar. Au contraire, soit par les ustensiles qu'elle emploiera, soit pour les produits qui lui seront nécessaires, cette petite industrie manuelle et locale alimentera la nôtre. Il faut ajouter qu'à mesure que les Malgaches s'assimileront nos méthodes de travail, leur aisance augmentera ; ils prendront des habitudes de vie se rapprochant de celles des Européens, autant que le comportent les différences de races et de climats, et deviendront ainsi de plus grands consommateurs de nos produits. Quelques mètres de cotonnades et une bouteille de rhum de temps en temps — les premières fournies par l'Amérique et le second par l'île Maurice, — voilà tous les besoins actuels d'une grande partie de la clientèle malgache. On peut espérer que, dans l'avenir, ces besoins seront plus nombreux.

Au point de vue de la modification des habitudes et des mœurs, sans laquelle nos marchandises ne trouveront jamais d'importants débouchés à Madagascar, tout ce qui augmentera notre influence matérielle, intellectuelle ou morale, produira des effets salutaires. Considérée sous cet aspect, la diffusion de notre langue est nécessaire et doit être étendue par tous les moyens possibles. On ne saurait mieux résumer son action qu'on ne l'a fait dans le programme de l'*Alliance française* : « La langue française » y est-il dit, « donne des habitudes françaises; les habitudes françaises amènent l'achat de produits français. Celui qui sait le français devient le client de la France. »

Il est heureux de constater que, depuis quelques années, des changements sensibles se sont produits dans ce sens, surtout chez les Hova, malgré la réserve dans laquelle ils restent à notre égard. Par suite, simplement, des contacts plus fréquents que ce peuple a eus avec les Français et d'une tendance à l'imitation, qui est une des caractéristiques intéressantes de sa nature, il manifeste peu à peu une préférence de plus en plus marquée pour les produits de notre fabrication. Convenablement encouragée, cette préférence peut devenir, en s'accroissant encore, très profitable à notre commerce et à notre industrie.

OBSTACLES A LA COLONISATION

Il ne me reste plus, pour terminer, qu'à parler de quelques obstacles qu'opposent à notre action certaines dispositions légales, certaines institutions et certains usages. J'observerai, avant de commencer ce rapide examen, que je m'occuperai de ces faits non en eux-mêmes, mais seulement dans leurs relations avec le développement de la colonisation, car, tout en s'expliquant et en se légitimant par l'état social du pays, ils peuvent n'être pas en rapport avec la situation nouvelle où le protectorat l'a placé.

D'un autre côté, en me mettant toujours au même point de vue spécial, j'aurai à indiquer certaines réformes très désirables. Toutefois, pour ne pas sortir du cadre nécessairement restreint de cette étude, je ne dirai rien des moyens à employer pour les obtenir.

Les observations que je vais présenter s'appliquent surtout à ce qui se passe chez les Hova et dans les provinces placées sous leur dépendance. Je m'y bornerai pour plusieurs motifs Il me suffirait de remarquer que je n'ai visité que ces territoires, mais il existe d'autres raisons. Comme les Hova sont les seuls à posséder un gouvernement régulièrement organisé, leurs lois et leurs coutumes ont seules, assez de généralité pour donner une base précise au raisonnement. D'autre part, ils occupent les principales régions de colonisation et leur puissance tend, peu à peu, à dominer toute l'île, aussi bien par leur action directe que parce que nous la leur avons, nous-mêmes, implicitement reconnue dans une des dispositions les plus regrettables du traité du 17 décembre 1885 (1).

Les deux principales questions à examiner sont incontestablement celles relatives à la propriété immobilière et à la main-d'œuvre.

Le droit de propriété a été réglé, au moins en apparence, d'une façon variable suivant les

---

(1) « Article 12. — Sa majesté la reine de Madagascar, continuera, comme par le passé, de présider à l'administration de toute l'île. » — En réalité la puissance effective des Hova a toujours été renfermée, et l'est encore, dans dans des limites beaucoup plus étroites que la mer.

époques. Pour ne pas remonter plus haut que ces dernières années, l'article 4 du traité de paix et de commerce conclu le 8 Août 1868 permettait aux Français « d'acquérir toute espèce de « biens, meubles et immeubles » à Madagascar et l'article 11 spécifiait qu'en cas de mort du propriétaire ces biens seraient remis à ses héritiers. Les clauses de ce traité n'ont pas empêché le gouvernement hova, en 1878, à la mort de notre compatriote M. Laborde, de refuser à ses neveux l'envoi en possession de son héritage. Elles ne l'ont pas non plus gêné, en 1881 pour défendre à tous les Malgaches, sous des peines sévères de vendre des terres aux étrangers (1). Nos griefs au sujet de la propriété furent du reste, comme on le sait, une des causes de la guerre franco-hova.

Actuellement, les Français, pas plus, du reste, que les autres étrangers, ne peuvent acquérir en propriété aucune partie du sol de Madagascar (2). Ils n'ont que la faculté de le

(1) « La terre, à Madagascar, ne peut être vendue ou donnée en garantie qu'entre les sujets du gouvernement de Madagascar. Si quelqu'un vend ou donne en garantie à d'autre personnes, il sera mis aux fers à perpétuité. L'argent de l'acheteur ou du prêteur sur cette garantie ne pourra être réclamé, il fera retour au gouvernement ». (Extrait de la loi 85 du royaume).

(2) Il faut, bien entendu, excepter de cet énoncé général le territoire de Diego-Suarez qui forme une colonie soumise uniquement aux lois françaises.

prendre en location. La question a, en effet, été réglée à nouveau pour nous par la disposition suivante de l'article 6 du traité de 1885 :

« Les citoyens français auront le droit de louer pour une durée indéterminée, par bail emphytéotique, renouvelable au seul gré des parties, les terres, magasins, maisons et toutes propriétés immobilières... Les baux seront passés par acte authentique devant le résident français et les magistrats du pays, et leur stricte exécution sera garantie par le gouvernement ».

En conséquence, tous les établissements fondés par des Français, les habitations, les magasins, les plantations et les usines se trouvent maintenant sur des terrains loués à des Malgaches pour une durée variant entre 10 et 99 ans. Il en est de même des établissements publics et, en particulier, des diverses Résidences.

L'impossibilité pour les Français d'acquérir la propriété du sol constituera, tant qu'elle subsistera, un des plus sérieux obstacles à la colonisation. Un bail, même à long terme, n'inspirera jamais autant de sécurité qu'un titre perpétuel et définitif, surtout dans un pays comme Madagascar où la politique suivie par le gouvernement local à l'égard des étrangers est, l'expérience le prouve, essentiellement variable.

Le morcellement de plus en plus grand et souvent même exagéré de la propriété terrienne en France montre à quel point on aime à la posséder chez nous. Néanmoins, malgré cette division, elle n'est pas accessible à tous ; et comme elle est, en général, plus facile à acquérir dans les pays neufs, c'est ce qui excite beaucoup de colons à y émigrer. Celui qui va s'établir au loin avec sa famille, ou qui en fonde une nouvelle, a le désir de lui laisser, après sa mort, comme instrument de rapport ou de travail, le sol qu'il a fait fructifier, avec toutes les améliorations qu'il lui a apportées et qui en constituent, à proprement parler, la valeur. S'il est impossible de devenir propriétaire, un puissant appat à la colonisation, et surtout à la colonisation individuelle, se trouve supprimé. Une société, qui réunit des capitaux plutôt que des personnes, peut, en effet, plus facilement baser ses opérations sur une possession purement temporaire, pourvu qu'elle soit assez longue et suffisamment assurée.

En dehors des inconvénients tenant à son principe, le système des baux, tel qu'il est actuellement usité, en a d'autres dans l'application. Sans même parler des difficultés qui se produiront infailliblement à l'expiration des baux à long terme, parmi des populations dans lesquelles les actes importants de la vie ne sont pas toujours régulièrement l'objet de constatations authentiques, les conditions imposées pour la validité de l'acte en rendent quelquefois l'accomplissement presque impossible. En effet, le preneur, après s'être entendu sur le prix avec le bailleur, signe, ainsi que lui et des témoins, un engagement de location, qui est visé par le gouverneur hova, dans la circonscription duquel se trouve le terrain, pour garantir au second la qualité de propriétaire. L'acte est ensuite enregistré à la chancellerie d'une Résidence française, en présence des contractants et des témoins que chacun amène au nombre de deux. C'est seulement ainsi que le bail est rendu absolument valide.

Dans l'Imerina, où la propriété foncière est bien déterminée et même, le plus souvent, exactement limitée, où, en même temps, on est à proximité de l'autorité supérieure hova et de la Résidence générale de France, les formalités que je viens d'énumérer s'accomplissent ordinairement sans grande peine. Il est loin d'en être de même dans les provinces. L'indigène n'a pas généralement d'autre droit à la propriété du terrain que le fait de l'avoir cultivé plus ou moins partiellement et à une époque plus ou moins récente. Le gouverneur hova peut donc lui contester ce droit, s'il y a un intérêt quelconque, s'il y voit par exemple, l'occasion de réaliser un profit. C'est d'autant moins rare que, ne recevant pas d'appointements, il vit sur les habitants de sa circonscription comme en pays conquis et qu'il abuse de la liberté que lui donne son éloignement du pouvoir central. Comme les réclamations adressées directement au gouvernement hova à Tananarive ne produisent jamais aucun effet et comme, en raison du petit nombre des Résidents, il n'y a pas, en général, sur les lieux, d'agent français ayant qualité pour se rendre compte des faits et pour arriver à une solution par la voie administrative, tout se trouve arrêté si le colon n'emploie pas le moyen auquel on veut l'amener et qui consiste à donner une gratification au gouverneur local. Le prix de la location se trouve ainsi majoré, sans aucun profit pour le propriétaire indigène ni même pour le trésor public malgache.

Bien que tendant toujours au même but, les procédés dont se servent les fonctionnaires hova varient suivant les circonstances. Parmi beaucoup de faits qui m'ont été attestés par les colons rencontrés dans mon voyage, en voici un comme exemple : près d'une ville importante de la côte orientale, un Betsimisaraka voulait louer une de ses terres à un colon français pour y établir une vanillerie. Le gouverneur hova lui contesta la qualité de propriétaire et le fit mettre en prison, où on ne lui donnait aucune nourriture, pour se l'être attribuée faussement ; il reconnaissait néanmoins qu'en cultivant le terrain l'indigène avait acquis certains droits qui lui permettaient de le céder à un Malgache, aussi proposait-il de le lui acheter ; il n'obtint qu'au bout de plusieurs jours le consentement du Betsimisaraka à demi mort de faim. Le Hova fit ensuite la location à son profit. Quand il rencontrait notre compatriote il ne manquait jamais, ainsi que j'en ai été témoin, de le plaisanter sur le bon tour qu'il lui avait joué.

L'obligation pour les contractants d'un bail de se présenter avec leurs témoins à la Résidence française est aussi une difficulté qui, bien que secondaire, a une réelle importance pratique. Les établissements des colons sont souvent à 400 ou 500 kilomètres d'une Résidence ; un tel voyage représente, à Madagascar, une grande perte de temps et une notable dépense d'argent. Pour les éviter, beaucoup de colons font des locations irrégulières qui pourront donner lieu, plus tard, à des contestations

Etant donnée la situation ambiguë que nous

occupons à Madagascar, il est assez difficile de
trouver un remède aux inconvénients du système actuel. Il ne faut pas penser à réformer
l'administration hova tant qu'on n'aura pas la
haute main sur elle. On empêcherait les abus
les plus criants en augmentant le nombre des
Résidents ou plutôt, pour ne pas trop charger
le budget du Protectorat, en donnant quelques-
unes de leurs attributions, particulièrement en
ce qui concerne l'authentification des actes, à
des colons français convenablement choisis et
offrant des garanties suffisantes. Toutefois, il
ne faut pas se dissimuler qu'un accroissement
du nombre de nos agents n'aurait une véritable
efficacité que s'ils avaient des pouvoirs à la fois
plus étendus et mieux déterminés.

Les questions relatives à la main d'œuvre
indigène ont une grande importance dan un
pays qu'on ne peut coloniser qu'en y ayant recours. Elles sont en relation étroite avec certaines institutions dont il faut dire d'abord quelques mots : les deux principales sont la corvée
et l'esclavage.

D'après les lois et les coutumes hova, tout
homme libre doit, suivant ses capacités personnelles, travailler gratuitement pour le souverain
chaque fois et aussi longtemps que celui-ci aura

besoin de ses services. Cette corvée, ou *fanompoana*, est à peu près le seul impôt direct qui frappe le peuple en temps ordinaire ; les contributions par tête et par famille comme les taxes foncières sont, en effet, extrêmement minimes (1) ; mais cet impôt de la corvée, est très lourd et d'autant plus, même, qu'il est absolument indéterminé. Il s'applique sans exception à tous les sujets du souverain, aux pauvres comme aux riches, aux nobles comme aux roturiers. C'est à titre d'application de ce principe général qu'aucun agent du gouvernement n'est payé : ceux qui possèdent les capacités nécessaires ont pour corvée de remplir des fonctions administratives. Pour les autres, elle consiste soit à exercer le métier qu'ils connaissent, soit, s'ils n'en ont pas, à transporter des marchandises ou des matériaux, soit à faire tout autre travail n'exigeant pas d'aptitudes spéciales.

En principe, la corvée est une forme d'impôt tout aussi légitime qu'une autre. Elle est même la seule possible et d'une application générale dans un pays où, par suite d'une civilisation encore primitive, n'existe pas une suffisante accumulation des produits du travail, soit

(1) Voir les notes des pages 99 et 100.

sous la forme directe de provisions ou d'instruments, soit sous la forme représentative d'une monnaie quelconque, et où, d'ailleurs, à cause de la facilité de se procurer les choses nécessaires à la vie, une grande partie de la population est dispensée d'amasser aucune épargne. Beaucoup de Malgaches n'ont pas d'autres richesses que leur personne même. Ils ne peuvent donc participer que par leur travail aux charges qu'imposent les avantages de la vie sociale. A la vérité, ceux qu'ils recueillent, dans les conditions actuelles, ne sont pas grands.

Dans la pratique, la corvée, telle qu'elle est mise en usage par les Hova, a de multiples inconvénients. Les uns tiennent à l'absence de règles limitant le fonctionnement de cette institution, les autres viennent d'abus qui ne sont imputables qu'aux agents chargés de l'appliquer. Ils ont pour résultat commun d'empêcher tout progrès aussi bien chez les Hova que parmi les peuplades qu'ils ont soumises; ils sont aussi de nature à arrêter, dès le début, toute tentative sérieuse de colonisation.

En effet, sous une trompeuse apparence d'égalité, la corvée impose aux individus qui y sont astreints des charges très différentes. Ceux qui n'ont aucune connaissance spéciale ne peuvent guère être employés qu'à transporter des fardeaux, à faire des terrassements et autres ouvrages analogues. Qu'il s'agisse, par exemple de la réparation d'une digue — je ne parle pas des routes, puisque les Hova n'en construisent pas — ou d'un approvisionnement de matériaux, une fois la besogne achevée, on les renvoie à la culture de leurs champs. Pour une localité déterminée, ces travaux sont généralement temporaires et imposés par des besoins précis qui ne se renouvellent que par intermittences. Au contraire, ceux qui ont une profession sont souvent retenus indéfiniment, parce qu'un métier peut être exercé d'une façon continue, pourvu qu'on mette à la disposition de l'ouvrier qui le connait les matières qu'il transforme. Il faut ajouter que le travail des spécialistes a ordinairement une plus grande valeur que celui des hommes dont on n'utilise que la force musculaire. C'est encore une raison pour laquelle on impose aux premiers une corvée plus longue.

Un grand nombre de Malgaches sont ainsi employés d'une manière non interrompue par le gouvernement soit à faire des écritures dans les bureaux, soit à fabriquer ou à réparer des armes dans les arsenaux, soit à exercer d'autres professions qui n'ont aucune application publique. Ils sont nourris par leur famille ou par leurs esclaves. Le gouverneur d'une ville de la côte m'a montré un bijoutier betsimisaraka qu'il faisait ainsi travailler depuis trois ans en lui remettant des piastres en argent et en exigeant de lui un poids équivalent de menus objets, tels que des bagues et des garnitures de tabatières ; pour mieux surveiller la façon, il avait fini par loger dans le *rova* (1) cet ouvrier ; d'ailleurs, comme celui-ci n'avait jamais eu le temps de réparer la case qu'il habitait au dehors, elle tombait en ruines.

Comme on le voit, avec ce système, les incapables et les paresseux sont fortement favorisés. Loin d'être encouragé, le perfectionnement individuel est complètement entravé. Sachant que l'acquisition de nouvelles connaissances ne pourra que les appauvrir, les Malgaches refusent volontairement d'apprendre un métier ; s'ils en connaissent un, si surtout ils y ont acquis une certaine habileté, ils s'efforcent de le cacher. Nulle part le mérite n'est plus modeste qu'à Madagascar. J'ai vu des ouvriers qui avaient sculpté des meubles pour la Résidence de France à Tananarive en apporter, pendant la nuit, les pièces démontées, enveloppées dans

---

(1) Le *rova* est une enceinte rectangulaire de pieux pointus contenant le logement du gouverneur, de ses serviteurs et de la garnison.

leur lamba ; ils faisaient promettre qu'on ne divulguerait jamais leurs noms. On peut encore citer un fait caractéristique qui s'est passé récemment, lors de la construction d'un des plus importants édifices français de la capitale : on a dû entourer les bâtiments de hautes barrières en bois qu'on élevait en même temps que lui, afin qu'on ne vit pas travailler les ouvriers ; faute de cette précaution, qui n'avait pas été prise au début, on pouvait, du dehors, juger de la capacité relative de chacun d'eux, et les plus habiles étaient immédiatement pris par la corvée royale.

Si on considère la répartition de la corvée au point de vue territorial, on constate les mêmes inégalités. Les besoins se produisent toujours, à peu près, sur les mêmes points et ils s'y font sentir surtout quand s'y développe une certaine activité agricole, industrielle ou commerciale ; on a une tendance naturelle à utiliser principalement les services de la population environnante, ce qui, outre l'inconvénient théorique d'une inique répartition des charges, a pour conséquence de ruiner complètement certaines régions. Je citerai comme exemple ce qui se passe aux mines d'or de Sarobaratra, dans le massif de l'Ankaratra, que le gouvernement hova exploite pour son compte depuis quelques années. Tous les ouvriers y travaillent par corvée sans être nourris et sans recevoir aucun salaire ; on y appelle successivement toute la population des villages voisins qui y reste, vivant dans de misérables huttes en terre, jusqu'à ce qu'elle ait épuisé les provisions qu'elle a pu réunir au moment du départ. On la retient le plus longtemps possible, parce que, tout en n'exigeant pas un long apprentissage, le travail consistant à laver les sables aurifères dans un plateau en bois, produit un rendement plus fort quand il est pratiqué par des hommes exercés. Les habitants des environs, qu'on peut, seuls, réunir commodément pour cette corvée, n'ont donc plus le temps de s'occuper de la culture et de récolter aux époques convenables. On en arrive ainsi à une conséquence singulière : en général, la création d'une industrie ou l'exécution de travaux par un gouvernement est la cause d'un accroissement de richesse, au moins momentané, pour les localités environnantes ; à Madagascar, au contraire, c'est l'origine d'une misère qui s'étend dans un rayon d'autant plus grand que l'exploitation est plus importante.

La corvée pèse donc principalement sur les individus et sur les régions qui tendent par un surcroit d'activité à s'élever au dessus du niveau général. Elle arrête ainsi tout progrès et s'oppose aussi bien à celui qui résulte du développement propre de la civilisation indigène qu'à celui qui se produirait par la colonisation. Elle nuit à celle-ci d'une façon générale, mais, de plus, dans l'application, elle produit des effets qui, tout en ayant, au fond, moins d'importance, atteignent plus directement les colons.

En théorie, la corvée n'est dûe qu'au souverain et pour des services publics. Dans la pratique, elle est exigée aussi par les agents du gouvernement, au profit de leurs intérêts particuliers. Les abus sont surtout sensibles dans les provinces soumises aux Hova. Là, en effet, rien ne vient contrebalancer le pouvoir des fonctionnaires : ils n'ont au dessous d'eux qu'une population vaincue dont l'ancienne organisation sociale, assez rudimentaire, a été complètement détruite par la conquête. Dans l'Imerina, au contraire, les habitants sont les vainqueurs ; ils sont protégés par de vieilles institutions, notamment par la division en castes, dont chacune jouit de certaines prérogatives et possède des chefs ayant autorité pour parler en son nom.

La corvée exigée par les fonctionnaires dans leur intérêt privé n'est pas d'origine récente, mais cet abus va sans cesse en augmentant. D'après plusieurs colons, on trouverait une différence sensible entre la situation actuelle et celle d'il y a quinze ou vingt ans. Il est facile de s'expliquer les motifs d'un tel changement.

Lorsque les relations avec l'extérieur étaient moins grandes, les fonctionnaires hova, tout en ne recevant aucun traitement, pouvaient aisément subvenir à leurs besoins, alors simples et peu nombreux, par le travail qu'exécutaient leurs esclaves dans leur maison et sur leurs terres. Depuis qu'ils ont eu des contacts plus fréquents et plus prolongés avec les étrangers, ils ont pris des goûts plus dispendieux et veulent maintenant, au moins en partie, vivre à l'européenne. Comme leurs ressources territoriales et domestiques n'ont pas augmenté, ils s'en procurent de nouvelles par les moyens que leur donne dans les provinces un pouvoir à peu près discrétionnaire, soit en faisant travailler la population à leur profit, soit en s'emparant, sous des prétextes quelconques, du produit de son travail. C'est ainsi qu'actuellement beaucoup de fonctionnaires font du commerce ou exploitent des plantations avec une main d'œuvre qui ne leur coûte rien ; c'est ainsi que d'autres, encore moins scrupuleux, lèvent, sans aucun motif, de véritables impôts en nature ou en argent.

Sur certains points, une redoutable concurrence est, par ces moyens, créée aux colons. Un gouverneur hova de la côte entreprend, par exemple, le commerce des toiles : il les fera transporter par corvée à Tananarive, tandis que l'Européen paiera une somme importante pour faire parvenir sa marchandise dans la capitale; le hova vendra la même toile moins cher et, comme il suffit sur un marché de quelques produits à bas prix pour en avilir le cours, la lutte sera bientôt rendue très difficile. J'ai vu sur le littoral un gouverneur procéder d'une manière analogue pour établir une vanillerie : une petite île du Mangoro, dans laquelle, au moment de la guerre entre les Hova et les Betsimisaraka, quelques chefs de ces derniers avaient été attirés sous le prétexte de parlementer et avaient été massacrés par leurs ennemis, était laissée inculte par les indigènes, en souvenir de cet évènement ; il s'en empara, la fit défricher au moyen de corvées, puis fit installer et surveiller ensuite la plantation par un ouvrier qu'en vertu de son pouvoir discrétionnaire, il enleva à une vanillerie voisine appartenant à un colon français.

Je pourrais multiplier ces exemples, mais ils

ne varient que par des détails. D'une façon générale, dès qu'un indigène a acquis certaines connaissances en étant employé dans une plantation ou chez un industriel, il devient l'objet des tracasseries du gouverneur voisin, il est constamment appelé pour des corvées. En agissant ainsi, les fonctionnaires hova ont pour but soit d'utiliser à leur profit le travail de l'ouvrier, soit de se faire verser, par lui ou par son patron, une somme d'argent moyennant laquelle il sera, pendant un certain temps, soustrait au *fanompoana*.

J'ajouterai en passant que la menace de la corvée n'est pas la seule employée. L'ouvrier sera, au moment où on en a un pressant besoin, appelé pour une revue ou pour une période de service militaire, dont on l'exemptera s'il donne quelques piastres. J'ai même vu des Malgaches de plus de vingt ans, qui travaillaient dans une usine, menacés par un gouverneur d'être renvoyés à l'école sous le prétexte que leur instruction était insuffisante ; le chef de l'établissement dut donner de l'argent pour qu'ils en fussent dispensés.

De tous ces abus, particulièrement de ceux de la corvée, résulte pour nos colons, de grandes difficultés à se procurer la main-d'œuvre. L'indigène sait qu'il ne peut garder une situation tolérable qu'en restant dans l'obscurité. Il refuse donc les engagements qu'on lui propose, parce qu'il a la certitude que presque rien de son gain ne lui resterait s'il les acceptait. C'est surtout dans le pays betsimisaraka que j'ai pesé le fardeau dont la corvée écrase la population ; aussi est-elle réduite maintenant à un état de misère et d'inertie difficile à concevoir. Au milieu d'elle, le plus mince officier hova se croit des pouvoirs absolus, et les indigènes, habitués à toujours obéir, ne savent même plus qui a le droit de commander. Pendant mon voyage dans la vallée du Mangoro, un jour où j'avais été obligé de me séparer des porteurs hova qui m'accompagnaient, je fus étonné de voir mes bagages arriver à l'étape chargés sur l'épaule de Betsimisaraka ; mes hommes, pour se reposer, les avaient réquisitionnés dans le village voisin en leur faisant croire que le gouverneur de Mahanoro m'avait autorisé à exiger d'eux ce service !

Considérer la question de la corvée comme regardant seulement l'administration intérieure de Madagascar et nous en désintéresser serait un tort grave. Telle qu'elle est pratiquée, cette institution étant de nature à entraver le développement de la colonisation et même à l'empêcher complètement, il faudra, tôt ou tard que nous nous occupions de faire disparaître l'obstacle qu'elle lui oppose.

A mon avis, la corvée, qui paraît appropriée aux mœurs et à l'état social du pays, ne doit pas être supprimée ; on doit se borner à en régler l'emploi. Il suffirait d'exiger qu'elle ne fût jamais, sous aucun prétexte, détournée de son objet qui est l'accomplissement d'un service public et qu'elle fût strictement limitée, pour chaque individu, à un nombre déterminé de jours par an. Elle devrait de plus pouvoir être remplacée, à la volonté du corvéable par un équivalent en argent ; pour ne pas arrêter le perfectionnement de l'habileté professionnelle, mais, au contraire, afin de le stimuler, le taux de ce rachat devrait être uniforme, sinon pour toutes les régions, au moins pour toutes les catégories de travailleurs dans chacune d'elles.

Bien que l'esclavage soit très répandu à Madagascar et que, dans certaines parties du pays, notamment dans l'Imerina, la majorité de la population y soit soumise, il n'offre pas au point de vue social et économique d'aussi graves inconvénients que la corvée royale. L'institution est, on peut le dire, corrigée par les mœurs. Quelques explications justifieront cette opinion.

Les esclaves se divisent en deux catégories d'origine et de caractère différents, suivant qu'ils appartiennent au souverain ou à des particuliers.

Ceux de la première descendent des esclaves amenés par les Hova quand ils sont arrivés à Madagascar. Dès cette époque, sans doute, ils ont été attachés au souverain, et, encore aujourd'hui, ils ne relèvent que de lui. Ils cultivent les terres royales, remplissent certaines fonctions au Palais ou dans la police, particulièrement celles de courriers chargés de transmettre les ordres dans les provinces. Ils peuvent, d'ailleurs, aspirer à tous les emplois, acquérir de grandes richesses et posséder d'autres esclaves. A proprement parler, ils constituent une caste spéciale, soumise à une servitude presque uniquement nominale. En compensation de ces avantages, ils ne peuvent être libérés, ni par le rachat, ni par aucun autre moyen.

Les esclaves possédés par les particuliers forment deux classes. Pour les plus nombreux, qui descendent des diverses peuplades de l'île soumises par les Hova et surtout à celle des Betsileo, la servitude a une origine guerrière, soit que primitivement les vaincus aient été astreints à travailler par les vainqueurs, soit que les combattants aient été tués et qu'on n'ait laissé la vie qu'aux femmes et aux enfants. Les autres ont une origine commerciale et proviennent surtout de la côte de Mozambique. L'importation des noirs africains s'est faite, par l'intermédiaire de boutres arabes, jusqu'en 1875. A cette époque, elle a été interdite, et les Mozambiques introduits depuis l'avènement de Radama Ier, en 1810, ont été libérés ; cette mesure n'a pas été étendue aux descendants des esclaves amenés antérieurement. En dépit de cette restriction, la forme la plus odieuse de l'esclavage est supprimée ; si la traite se fait encore quelquefois aujourd'hui, elle n'a plus qu'une existence exceptionnelle et irrégulière.

Par suite, probablement, du caractère militaire qu'affectait la civilisation des Hova à l'époque où ils ont opéré leurs principales conquêtes, et aussi de nécessités topographiques résultant de ce qu'ils n'étaient pas possesseurs de toute l'île, l'esclavage a pris, chez eux, une forme très supportable. Pendant que les hommes libres exerçaient leur activité guerrière en dehors de l'Imerina, ils y laissaient, à l'abri, les esclaves chargés des soins de la culture et de quelques métiers. Ils étaient intéressés à les bien traiter pour ne pas les pousser à reprendre la liberté en se sauvant dans des territoires indépendants situés à quelques jours de marche ou dans des refuges qu'avaient établis les esclaves en fuite dans des endroits inaccessibles et facilement défendables. Malgré leurs efforts, les Hova n'ont jamais pu s'emparer de tous ces lieux d'asile et les détruire ; ils ne sont jamais arrivés non plus à supprimer le brigandage, ressource ordinaire des esclaves mécontents de leur sort et dont l'extension probable, s'ils en avaient activé le recrutement par de mauvais traitements envers leurs serviteurs, aurait menacé directement les propriétaires de la richesse.

L'esclavage a donc acquis avec le temps le caractère doux et familial qui pouvait seul lui permettre de subsister. Actuellement, et sauf quelques exceptions, l'esclave est considéré comme un parent, d'un degré inférieur, associé aux charges et aux profits de son maître. Il ne lui doit pas la totalité de son temps et de son travail ; s'il cultive des terres ou élève du bétail, il garde quelque chose du produit, à moins qu'il n'occupe ou n'élève divisément pour son propre compte une fraction du champ ou du troupeau ; s'il travaille dans la maison, il reçoit, outre le vêtement et la nourriture, une part du revenu en nature ou en argent, avec laquelle il peut faire du commerce; s'il exerce dehors un métier quelconque, il ne donne au maître qu'une faible somme sur son gain ou sur son salaire. En résumé, de même que l'homme libre doit la corvée à l'Etat, l'esclave doit aussi au maître une certaine corvée; mais tandis que la première est lourde et absolument arbitraire, la seconde est légère et bien fixée par l'usage. Qu'il soit employé à l'extérieur ou à l'intérieur de la maison, en tenant compte, dans ce dernier cas, de ce qu'il reçoit en nature, il ne doit à son propriétaire que du cinquième au dixième de son temps, de son travail ou de son gain. Aussi les esclaves n'ont-ils pas une grande valeur marchande : le prix de 150 fr. est rarement dépassé; et ce qui montre bien le caractère de l'institution à Madagascar, c'est qu'un enfant se vend plus cher qu'un homme fait, parce qu'il s'attache davantage à la famille dans laquelle il entre.

Même à l'amiable, les ventes d'individus isolés sont peu fréquentes, parce qu'en beaucoup de cas. l'esclave reste fixé à la terre et suit son sort. Ces ventes amiables se font souvent entre personnes de connaissance qui, d'ordinaire, évitent de séparer les membres d'une même famille. Les ventes publiques sont relativement rares. Au marché de Zoma, à Tananarive, je n'ai jamais vu, dans l'emplacement réservé aux transactions de ce genre, plus d'une quinzaine d'esclaves à la fois, et encore ramenait-on les mêmes plusieurs semaines de suite. Ce n'est guère pour une ville de plus de 100 000 âmes dont la population est, en majeure partie, de condition servile.

Si j'ajoute que les châtiments corporels sont peu usités et ne s'infligent que pour des fautes graves, on s'expliquera cette assertion, qui peut paraître paradoxale, qu'à Madagascar l'esclave se considère comme plus heureux que l'homme libre et qu'il l'est en effet. Aussi, bien qu'il ait la faculté de se racheter et qu'il possède souvent la somme d'argent nécessaire, en use-t-il rarement. Aussitôt libéré, il serait astreint à deux lourdes obligations : la corvée et le service militaire.

Ce service constitue aussi une charge pénible, puisque, d'après la loi hova de 1879, il dure cinq années et que, pendant ce temps, celui qui fait partie de l'armée ne reçoit ni solde, ni nourriture, ni vêtement. Pour le Hova pauvre, qui n'a pas de revenus, c'est une période difficile à traverser. Les esclaves ne font pas de service ; à la vérité, en cas de guerre, quelques-uns suivent leur maître, mais c'est comme domestiques, pour porter ses provisions ou lui en procurer, et, s'il est tué, pour ramener son corps dans l'Imerina, où on l'enterrera dans le tombeau de la famille.

La perspective des charges qu'ils auraient à supporter, s'ils étaient libres, fait redouter plutôt que désirer aux esclaves un affranchissement. Nous avons eu comme porteur, pendant le voyage que j'ai fait avec le docteur Catat, un esclave qui, par un acte régulier passé devant les autorités hova, avait traité avec son maitre de son rachat, de manière à ce que ce rachat ne devint définitif qu'après le paiement intégral du prix stipulé; il avait versé immédiatement cette somme, diminuée d'une piastre, et, depuis plusieurs années, il continuait, comme auparavant, à donner à son maitre une partie de ce qu'il gagnait; il préférait cette situation à la liberté, qu'il était néanmoins assuré d'obtenir, quand il le voudrait, par le paiement du solde, si, par exemple, il avait été vendu à un maitre moins bon.

Même dans les conditions particulières que je viens d'indiquer, l'esclavage exerce une fâcheuse influence sur la prospérité de Madagascar. En dehors des autres inconvénients sociaux qu'il produit, bien qu'à un moindre degré, là comme partout où il est en usage, il arrête chez le maitre, non moins que chez le serviteur, l'initiative et le progrès que notre intérêt est de voir se développer.

Dans la pratique, le jeu de cette institution, manié par des mains habiles, est souvent nuisible à nos colons. J'en citerai comme exemple un fait qui se produit fréquemment.

Un agriculteur ou un industriel prend des ouvriers esclaves et convient avec eux et leur maître d'un certain prix ; quand ils sont suffisamment exercés et devenus nécessaires à la marche de l'exploitation, un fonctionnaire hova ou un personnage quelconque puissant à la cour force, par des moyens variés qu'il a toujours à sa disposition, le maître à les lui vendre. Le nouveau propriétaire exige alors pour eux un salaire qui rend tout bénéfice impossible, ou bien il les emploie lui-même pour faire au colon une concurrence rendue aisée par les connaissances que les ouvriers ont acquises chez lui.

Fréquemment, l'achat, par une personne ayant des attaches avec le gouvernement, d'un esclave employé chez un colon, n'a pour but que de posséder dans sa maison un témoin de ses démarches, de ses fréquentations et de ses travaux. Tout voyageur comme tout industriel doit s'attendre, pour peu que ce qu'il fait soit important ou jugé tel, à avoir ainsi chez lui, à son insu, quelque espion rendant compte de toutes ses actions et dérobant au besoin ses papiers pour les communiquer au Palais. Le fait s'est produit plusieurs fois.

Malgré la douceur relative de l'esclavage à Madagascar, il est désirable que cette institution disparaisse dans l'avenir, et j'ajouterai même, pour plusieurs raisons, dans un avenir prochain. D'abord, par suite de notre intervention, qui doit s'accentuer et dont un des objectifs est de régler les différends qui se produiraient entre les diverses peuplades ou de les empêcher de naître, de façon à leur imposer à toutes l'habitude de la paix, les Hova, pas plus que les autres Malgaches, n'ont désormais à remplir aucun rôle guerrier ; l'esclavage ne correspond donc plus à ce besoin de division du travail, inhérent aux civilisations militaires primitives, en vertu duquel l'esclave cultive, transforme ou trafique tandis que le maître combat. En outre, sa suppression, convenablement préparée, pourrait donner un certain essor à l'activité d'une partie importante de la population et servir ainsi l'œuvre que dirigeront nos colons. Enfin, d'ici à quelques années, le nombre de ceux-ci augmentera beaucoup, et on doit craindre que, sous leur influence, l'esclavage, s'il n'est pas alors en voie d'extinction, ne change profondément de caractère. En effet, si les Européens modernes sont ceux qui ont formulé sur l'esclavage les théories les plus généreuses, ce sont eux aussi qui, lorsqu'ils en ont eu l'occasion, l'ont appliqué de la façon la plus cruelle. A la vérité, les colons ne peuvent pas avoir d'esclaves à Madagascar, mais ils arrivent, par différents moyens, à en posséder indirectement, par exemple en les mettant, ainsi que cela se fait souvent, au nom d'une femme malgache avec laquelle ils vivent.

Il ne faut évidemment pas songer, même si on en avait le pouvoir, à supprimer l'esclavage par un affranchissement général et immédiat. Une pareille mesure, qui ruinerait les maîtres, créerait de grandes difficultés et ne serait même pas, dans les circonstances actuelles, bien accueillie par les esclaves qui en seraient l'objet. Pour leur faire désirer la liberté, il est nécessaire de commencer par réglementer les charges qu'ils supporteront étant libres, et spécialement la corvée. Il ne parait pas impossible, ensuite, d'arriver à atteindre le but, au moins en grande partie, en favorisant les rachats individuels par les esclaves eux-mêmes. Si on tient compte de la faible valeur marchande d'un esclave, de la somme qu'il peut gagner et du prix des denrées (1), on voit que l'emploi d'un pareil moyen n'aurait rien de chimérique, pourvu qu'on fixât le rachat à un taux suffisamment bas. Il aurait l'avantage de faire gagner aux intéressés la liberté complète en stimulant leur activité et en leur apprenant l'épargne, qu'ils auront plus besoin de pratiquer dans leur nouvelle position que dans l'ancienne où ils sont assurés d'être nourris par leur maitre durant la vieillesse et en cas de maladie. Il amènerait une libération progressive qui éviterait une crise économique trop forte. Enfin, il donnerait aux maitres une certaine compensation. Ceux-ci comprendraient peut-être aussi que, les charges de l'Etat se trouvant réparties sur un plus grand nombre, deviendraient moins lourdes pour chacun d'eux.

(1) D'après le lieutenant-colonel Rocard, à Tananarive, le salaire journalier est, pour un simple manœuvre de 0 fr. 41, pour un maçon de 0 fr. 83, pour un forgeron de 1 fr.; les porteurs, très nombreux parmi les esclaves, gagnent fréquemment davantage. Si on prend 0 fr. 50 comme moyenne, en admettant que l'esclave donne le cinquième de son gain au maître et qu'il dépense pour sa nourriture 2 fr. à 2 fr. 50 par mois, ce qui est suffisant, il lui resterait au bout de ce temps environ 10 fr. Cette somme lui permettrait de se libérer en un an si le rachat était fixé à 120 fr., prix un peu inférieur seulement à celui qu'on paie ordinairement.

Si l'on voulait faire réussir ce système, il faudrait fixer une fois pour toutes les prix du rachat par catégories personnelles ou régionales, et en admettre le paiement par fractions. Il y aurait aussi des mesures à prendre pour la libération immédiate ou à partir d'un certain âge des enfants à naître, pour celles des esclaves qui travaillent dans la maison du maître sans recevoir de salaire, et pour d'autres cas particuliers que je n'ai pas à examiner ici. Il me suffit d'avoir indiqué le principe qui pourrait présider à l'affranchissement.

Si les dispositions que je viens d'indiquer ou d'autres analogues, mais tendant au même but, étaient prises à l'égard de la corvée et de l'esclavage, la question de la main-d'œuvre serait aussi bien près d'être résolue. C'est seulement parce que les Malgaches sont convaincus qu'ils n'amélioreraient pas sensiblement leur sort, en allant travailler chez les colons que ceux-ci éprouvent tant de peine à se procurer des ouvriers en quantité suffisante. Cette situation changerait certainement si, par la suppression des abus actuels, ils étaient assurés de conserver la disposition de leur gain et de leur temps.

Il faut toutefois, à ce point de vue, comme à

beaucoup d'autres, établir une distinction entre les régions. Dans le centre, où le sol est relativement stérile, les habitants ne peuvent vivre avec une certaine aisance qu'au prix d'un travail continuel auquel ils se sont habitués. A côté de grands défauts, les Hova possèdent de sérieuses qualités. Intelligents, laborieux et tenaces, ils ont appris, par les difficultés de l'existence qu'accroit encore une grande concentration de la population, la valeur du temps et de l'argent. Une fois quelques obstacles disparus, l'industrie et la culture trouveront aisément dans les provinces centrales autant de travailleurs qu'elles en auront besoin.

Dans les régions basses, on rencontrera toujours plus de difficultés pour la main-d'œuvre ; elles tiennent à des circonstances locales qu'on ne peut pas modifier. Le climat et la fertilité de la terre rendent la vie matérielle si aisée qu'il y aura toujours des individus se contentant de dépenser le peu d'activité nécessaire à la satisfaction des besoins essentiels et dédaignant les avantages que leur procureraient le gain résultant d'un travail suivi. On transporterait à Madagascar n'importe quelle population que le même fait se reproduirait infailliblement.

On se tromperait toutefois en exagérant cette paresse ; elle est loin d'être générale. Ainsi les villages situés sur le bord de la mer contrastent vivement par leur activité avec ceux placés à quelque distance dans l'intérieur ; cette différence vient certainement de ce que les habitants des premiers ont eu, depuis longtemps, de plus fréquents rapports avec les nations étrangères. Certaines peuplades des régions basses possèdent aussi une grande ardeur au travail ; telle est, par exemple, celle des Antaimoro, surnommés pour cette raison les « Auvergnats de Madagascar ». On les rencontre souvent dans l'intérieur, voyageant par bandes de cinquante ou cent, sous la conduite d'un chef, pour aller, à de grandes distances, offrir leurs services comme travailleurs.

C'est donc seulement dans certaines régions restreintes de la zone moyenne qu'il serait très malaisé actuellement de trouver la main-d'œuvre indispensable pour une exploitation quelconque. Une modification de l'état social de leurs habitants et l'augmentation de population qui en sera probablement la suite, amélioreront peu à peu cette situation. D'ailleurs ce n'est pas là que se porteront en premier les colons et, quand, exceptionnellement, quelques établissements y seront créés, on fera venir des provinces voisines des travailleurs qui ne manqueront pas de s'y fixer définitivement, pourvu que le pays leur offre des ressources suffisantes.

Les deux questions sur lesquelles j'ai encore à dire quelques mots ne se rapportent pas, comme les précédentes, à des lois du pays, mais uniquement à des habitudes des gouvernants ; l'une d'elles est ancienne, l'autre se pose seulement depuis peu.

La première est l'opposition systématique des Hova à l'établissement de voies de communication. Quoique l'absence de routes soit un des plus sérieux obstacles à la colonisation, puisque sans elles, on ne peut ni écouler les produits de l'agriculture, ni tirer parti des richesses naturelles des mines et des forêts, ni développer l'industrie, ni faire commodément le commerce, je ne reviendrai ici sur cette question que pour en signaler de nouveau l'importance. Tant qu'il n'y aura pas de chemins, on ne fera rien à Madagascar. Si donc on veut y faire quelque chose il faut surmonter et, au besoin, briser l'opposition qu'on rencontre à ce sujet.

La mauvaise volonté du gouvernement hova est uniquement basée sur la crainte de voir notre armée pénétrer aisément dans l'intérieur. C'est précisément parce que cette idée est très juste que les routes sont nécessaires ; toutefois c'est un point de vue trop exclusif. Un chemin allant de la côte à la capitale, soit à l'Est par Tamatave, soit à l'Ouest par Mojanga, servirait grandement à la colonisation, en nous rendant maîtres du pays, et il aurait aussi une utilité commerciale directe. Mais il serait insuffisant ; beaucoup d'autres sont nécessaires.

Si le gouvernement de Tananarive n'était pas arrêté par ces considérations, il aurait la possibilité de faire tous les travaux publics utiles, sans presque rien dépenser, en employant la corvée. Même restreinte et réglementée, elle permettrait encore de munir le pays d'une viabilité convenable, puisque personne ne songe évidemment à doter Madagascar de chemins ressemblant à nos routes nationales, et de ponts comme ceux qui franchissent nos rivières.

Pour terminer, je veux présenter quelques observations sur les concessions que le gouvernement hova accorde en grand nombre depuis ces dernières années. Bien qu'elles ne constituent pas, à proprement parler, un obstacle à la colonisation et que même, dans certains cas, elles la servent ou, du moins, paraissent la favoriser, elles demandent, en principe et en fait à être examinées de près.

Relativement à leur objet, les concessions sont assez variées : elles se rapportent soit à des exploitations minières ou forestières, soit à la construction de ports, soit à l'établissement de certaines industries. La même diversité se manifeste dans la nationalité des concessionnaires : on trouve sur la liste des Anglais, des Américains, des Italiens et des Français, ceux-ci en minorité.

Ces concessions n'ont qu'un caractère commun : la réserve au profit du gouvernement hova d'une partie importante de ce qu'elles doivent rapporter. La proportion est généralement fixée à 55 0/0 du produit brut.

Cette réserve est la raison de la facilité avec laquelle les concessions sont données. Depuis la dernière guerre, le gouvernement a d'énormes besoins d'argent occasionnés par de nouveaux armements et par le paiement des annuités de l'emprunt. Les douanes ne lui rapportant qu'un produit insuffisant, il se trouve disposé à accepter toutes propositions de nature à lui procurer un supplément, même éventuel, de revenus, sans se préoccuper en rien des conséquences qu'elles peuvent exercer sur l'accroissement de la richesse réelle du pays. L'expérience prouve d'ailleurs que, par suite des errements suivis jusqu'à présent, les concessions n'ont pas fourni de bons résultats, même en se plaçant à ce point de vue étroit. Dans l'avenir, il faudrait donc, non les restreindre, puisque, dans certains cas, c'est le seul mode qui permette d'exploiter les ressources de l'ile, mais modifier les conditions dans lesquelles on les accorde.

Lorsqu'il s'agit de la construction d'un port, de l'exploitation d'un gîte métallifère, le système des concessions est excellent ; il est facile en général de ne léser aucun intérêt. Pour la mise en valeur d'une forêt, la question est déjà plus complexe ; il est au moins nécessaire de bien limiter, par des réserves négligées jusqu'ici à Madagascar, les droits du bénéficiaire. Enfin, relativement à la fabrication d'un produit, le principe lui-même de la concession, qui devient un véritable monopole, est très contestable. Surtout à son début, une colonie ne peut pas avoir la prétention de subsister uniquement avec ses propres ressources. Si une industrie est viable, elle prospèrera sans ce secours artificiel et il est injuste d'en réserver à l'avantage à quelques privilégiés ; si elle n'est pas viable, il est inutile d'en favoriser l'établissement. De plus, ce système, qui consiste en somme, à percevoir un impôt au moyen d'intermédiaires et, en partie à leur profit, n'admet pas de limites : on en arrive fatalement à tout monopoliser. On a pu constater les néfastes conséquences de cette méthode en Tunisie, où elle était poussée à l'extrême, au moment de notre intervention.

Un des plus graves inconvénients des concessions résulte de l'élévation du pourcentage des produits réservé au gouvernement. Le concessionnaire ne peut accepter des conditions aussi onéreuses que moyennant une compensation : c'est ordinairement l'appui des autorités pour le recrutement plus ou moins libre des travailleurs dans un certain rayon. Une exploitation privée devient ainsi une exploitation d'Etat et en engendre tous les abus. C'est une extension nouvelle de la plaie de la corvée qui ronge peu à peu Madagascar.

Aujourd'hui, les exploitants ne peuvent évidemment pas payer avec équité leurs ouvriers, à cause des lourdes charges qui grèvent les concessions. Sans demander qu'elles soient accordées gratuitement, il serait sans doute préférable d'imposer en échange la construction de chemins, de ponts et diverses améliorations du sol. Ces travaux, exécutés dans le voisinage d'un établissement, auraient pour lui une utilité directe et, en même temps, pour le pays, une utilité générale. On remplacerait donc, en tout ou en partie, l'unique condition du versement d'une fraction du produit par une série de clauses, dictées par l'intérêt public, et constituant le cahier des charges de l'entreprise.

Il arrive aussi quelquefois que les concessions lèsent des droits respectables acquis par les colons ou par les indigènes. Par exemple dans les concessions de forêts, bien qu'elles soient accordées en vue de l'exploitation du produit principal qui est le bois, les concessionnaires ont la prétention d'empêcher les indigènes de récolter les produits secondaires, tels que le caoutchouc, ou de les vendre à d'autres qu'à eux ; souvent ils ne possèdent pas de capitaux disponibles pour acheter la totalité du caoutchouc recueilli et, dans tous les cas, ils profitent de ce qu'ils n'ont point de concurrents pour en abaisser le prix (1). Le résultat est de ruiner aussi bien les Malgaches qui préparent le caoutchouc que les commerçants auxquels ils le vendaient auparavant. Lorsque les prétentions des concessionnaires sont justifiées par leur titre, cela prouve simplement que ce titre a été mal rédigé.

(1) Un fait analogue, amenant des conséquences identiques, se produit pour l'alfa dans certaines forêts de la Tunisie. Voir ,par exemple, à ce sujet, l'ouvrage de M. J. L. de Lanessan : *La Tunisie*, page 57.

Il semble, enfin, que si nous exercions à Madagascar une influence véritablement prépondérante, quelques observations devraient être faites sur la nationalité des bénéficiaires de concessions.

Pas plus que personne, je ne songe à restreindre la liberté et les droits des étrangers dans nos colonies, mais, comme une fois que les conditions indispensables de savoir, d'honorabilité et de ressources sont remplies, les concessions sont toujours un acte gracieux de l'autorité, il ne serait pas exagéré de demander qu'elles fussent, en grande partie, attribuées à des Français, puisque notre pays supporte toutes les charges du protectorat.

Les quelques remarques précédentes s'appliquent aux concessions actuellement exploitées. D'autres ont été accordées et n'ont reçu aucune suite. Elles ne sont pas pour cela exemptes de défauts, car elles empêchent, pendant un certain temps, toute entreprise ayant le même objet et qui serait mieux organisée.

Après une étude rapide et superficielle d'une question, un étranger quelconque de passage à Madagascar demande une concession ; il l'obtient souvent avec d'autant plus de facilité que ne possédant ni capacités techniques, ni capitaux, il accepte sans les discuter suffisamment, les exigences du gouvernement relatives au produit futur. Même s'il n'en profite pas, il en restera titulaire pendant plusieurs années et si, pendant cette période, un autre se présente avec des moyens d'action plus réels, sa demande ne sera pas même examinée. Je sais bien qu'au bout de trois, cinq ou dix ans, si elle n'a pas reçu de commencement d'exécution, la concession est annulée, mais, à notre époque surtout, la perte de ce temps n'est pas négligeable. En accordant ainsi des privilèges chargés de conditions inexécutables, le gouvernement hova arrive, par surcroit, à enterrer certaines questions. Le chemin de fer de Tamatave à Tananarive est un exemple de ce système : le concessionnaire ne le fait pas, parce qu'il y perdrait de l'argent, mais, en attendant, le gouvernement ne construit pas de route, parce qu'on doit établir une voie ferrée.

Pour remédier à tous ces inconvénients, il faudrait obtenir que, désormais, les concessions ne fussent plus accordées par le gouvernement hova seul, mais aussi par les agents du gouvernement français. La Résidence générale dispose sur place de tous les éléments nécessaires pour apprécier les capacités et les ressources des demandeurs, comme l'objet de la demande et les conditions qui y seront imposées. Son intervention suffirait à faire prédominer la considération des intérêts généraux du pays, tout en ne négligeant pas le profit qui peut revenir à nos nationaux.

En parlant des concessions, j'ai laissé à dessein de côté la question des grandes compagnies de colonisation, des compagnies à charte, dont la création est à l'étude en ce moment. Il semble que l'application de ce système à Madagascar ne pourrait amener que de bons résultats, mais l'examen des conditions dans lesquelles on devrait le pratiquer serait doublement prématuré; d'une part, les dispositions légales et administratives concernant l'organisation et le fonctionnement de ces sociétés ne sont pas encore arrêtées ; d'un autre côté, le gouvernement français qui doit en autoriser et en régler l'établissement, n'a pas, à l'heure actuelle, la possibilité de le faire à Madagascar, puisqu'il déléguerait ainsi des pouvoirs qu'il ne possède point. Je me suis déjà écarté de la réalité en demandant qu'il examinât, de concert avec le gouvernement hova, les demandes, l'objet et les conditions des concessions ; j'entrerais par trop dans le domaine de l'hypothèse en supposant qu'il pourrait, seul, en accorder d'une telle importance.

Mais, en restant dans les limites que j'ai posées et qui correspondent, je pense, au minimum de ce que doit être notre action à Madagascar pour qu'elle ait quelque efficacité, il est évident que, si notre intervention est nécessaire pour les concessions relatives à des travaux et à diverses exploitations, elle devient indispensable lorsqu'il s'agit des grandes concessions territoriales, dans le genre de celles que je viens d'indiquer et que le gouvernement hova aurait la prétention d'accorder sans nous consulter. Cette question, sur laquelle M. de Mahy a, avec raison, à la Chambre des députés, appelé plusieurs fois l'attention du gouvernement, s'est posée récemment à l'occasion d'une concession de plus d'un million d'hectares qui aurait été faite à un syndicat anglais avec divers avantages et notamment l'abandon des droits de douane dans ce territoire.

Elle demanderait un examen sérieux, mais d'autant plus difficile que les faits qui lui ont donné naissance n'ont encore été que peu mis en lumière. D'ailleurs elle est d'ordre exclusivement politique : l'aliénation ou la délégation de prérogatives de la souveraineté ne peut aucunement conserver l'apparence d'un contrat privé concernant seulement l'administration intérieure et échappant par suite à l'action du gouvernement français, d'après les termes du traité de 1885 ; elle sort donc des bornes de ce travail, quoique la réponse qu'elle recevra doive exercer la plus décisive influence sur l'avenir de la colonisation française à Madagascar.

CONCLUSION

Je ne veux pas revenir ici sur les différentes mesures qu'il me parait utile de prendre pou tirer le meilleur parti possible des ressources que Madagascar offre à la colonisation, ainsi que pour y développer l'agriculture, l'industrie et le commerce. Je les ai exposées successivement dans les diverses parties de cette étude et il n'y aurait aucun intérêt à les séparer, en les groupant dans un résumé, des raisons qui les ont inspirées et qui doivent servir à les justifier.

Je remarquerai seulement, pour terminer, que l'emploi de ces moyens dépend, pour les uns, de l'initiative privée, pour les autres, des pouvoirs publics. L'Etat seul serait impuissant à réaliser un programme qui n'est exécutable qu'avec l'aide de l'intelligente activité des colons, des industriels, des commerçants et des capitalistes français ; et ceux-ci n'arriveraient qu'à des résultats incomplets et précaires s'ils n'étaient pas appuyés par une intervention suffisamment énergique du gouvernement et de ses agents pour aplanir des obstacles sur lesquels ils n'ont aucune action. C'est seulement grâce à ce concours constant, inspiré par des vues communes, que s'ouvrira pour Madagascar une ère de prospérité aussi avantageuse, et, on peut le dire, aussi nouvelle, pour la nation qui en a assumé le protectorat que pour les populations qui y sont soumises.

TABLE DES MATIÈRES

	PAGES
Préface	5
CHAPITRE I. — *Sol — Climat. — Population — Langage*	15
Sol	16
Climat	21
Population	27
Langage	30
CHAPITRE II. *Poids. — Monnaies. — Mesures.*	35
Mesures	35

Mesures de longueur, 36 — Mesures de capacité, 37

Poids	38
Monnaies	38
CHAPITRE III. — *Transports*	49
Communications avec l'extérieur	49
Ports et rades	51
Fleuves, rivières et lagunes	57
Routes	63
Moyens de transport	67

Voyageurs, 67 — Marchandises, 70 — Route de Tamatave à Tananarive, 76

Postes et télégraphes	86

Postes, 86 — Télégraphes, 90.

CHAPITRE IV. — *Douanes*	95

PAGES

Chapitre V. — *Commerce* 105
Commerce intérieur et extérieur 105
Principaux centres commerciaux 122
    Diego-Suarez, 122. — Sainte Marie de Madagascar, 128. — Tamatave, 131. — Vatomandry, 136. — Mahanoro, 139 — Mananjary, 141. — Tananarive, 143.
Marchés indigènes 147
Routes commerciales 154
  Chapitre VI — *Produits indigènes — Agriculture et industrie* 161
Produits minéraux 161
  Métaux 161
    Fer, 164 — Or, 166 — Métaux divers, 169.
  Matériaux de construction 170
    Pierres, 170 — Terre, briques, tuiles, 174 — Chaux, mortiers, 180.
  Combustibles minéraux 182
  Minéraux divers 182
Produits végétaux 183
    Bois, 183 — Caoutchouc, 191 — Gomme copal, 194 — Orchidées, 197.
  Plantes alimentaires 197
    Riz, 197 — Blé, 203 — Maïs, 204 — Manioc, 205 — Légumes, fruits, 206 — Canne à sucre, 209 — Café, 212 — Vanille, 215 — Cacao, 220 — Thé, 221 — Girofle, 222.
  Plantes textiles 223
    Rofia, 223 — Coton, 226 — Chanvre, 228 — textiles divers, 229 — Pailles et joncs, 230.
  Plantes diverses 216
    Tabac, 232 — Indigo, 234 — Orseille, 235 — Géranium, 235.
Produits animaux 236
    Bœufs, 236 — Moutons, 241 — Chèvres, 242 — Porcs, 243 — Graisses, 243 — Volailles, 244 — Poissons, 244 — Chevaux, ânes, 246 — Soie 247 — Cire, 248
  Chapitre VII. — *Produits d'importation* 251
Alimentation 253
    Sel, 253 — Conserves, 255 — Vins, 256 — Bière, 257 — Rhum, 257

	PAGES
Vêtement..	259

    Cotonnades, 259 — Lainages, 268 — Soieries, 270 — Vêtements confectionnés, 270 — Chapeaux, 273 — Chaussures, 273 — Bijoux, 273

Habitation...	276

    Verre à vitres, 279 — Quincaillerie, 280 — Papier de tenture, 281

Mobilier...	282

    Meubles, 282 — Etoffes, 283

Ustensiles et outils.......................................	283

    Porcelaines et faïences, 283 — Verrerie, 285 — Ustensiles de ménage, 286 — Machines, 288 — Outils, 291

Marchandises diverses.................................	294

    Armes, 294 — Instruments de musique, 295 — Papeterie et librairie, 296 — Parfumerie, 297. — Produits chimiques et pharmaceutiques, 297

CHAPITRE VIII. — *Colonisation*.............	301
Caractère de la colonisation........................	301
Conditions de la colonisation......................	316
Obstacles à la colonisation..........................	332
Conclusion...	377

TABLE DES PLANCHES

Profil de la route de Tamatave à Tananarive...	82
Carte des routes commerciales du Centre et de l'Est de Madagascar............................	156

BEAUVAIS
IMPRIMERIE PROFESSIONNELLE
4, rue Nicolas-Godin, 4.

www.ingramcontent.com/pod-product-compliance
Lightning Source LLC
Chambersburg PA
CBHW070446170426
43201CB00010B/1228